北中 英明

はじめての
営業学

弘文堂

はじめに

　営業活動は、企業にとっての生命線です。企業の存続の源泉である売上げを生み出すのが、営業活動であるからです。したがって、営業はもっとも大切な仕事であると言えます。

　営業は大変な仕事です。嫌なことや辛いことが沢山あります。また、結果がすべて、予算（ノルマ）を達成して初めて評価される、という厳しい側面もあります。業績が上がらない営業員が生き残ることは極めて難しい世界です。

　それなのに、営業に対するイメージは、一般的にはお世辞にもそれほど高いとはいえないのではないでしょうか？社内で配属されたくない部署の筆頭に上げられることもあります。

　大切な仕事、厳しい仕事でありながら、誰も評価してくれない。営業とはなんと損な役回りなんでしょう。営業をやっていると心が折れてしまいそうになることもあるでしょう。それでも、頑張って営業に携わっている。そんなあなたを応援するために、この本を書いています。

　本書のタイトル『はじめての営業学』とは、これまで日本の経営学ではあまり扱わなかった営業活動全般を対象とした、はじめてのテキストという意味です。また、これまでに営業について体系立てて学んでこなかったあなたが、はじめて学ぶ営業学という意味も込められています。

北中　英明

はじめての営業学　目次

第Ⅳ部
営業を高める　165

本書の概要

　本書は営業活動に従事する人に、仕事の裏付けとなる知識体系を身につける
お手伝いすることを目指しています。海外の大学などでは営業活動を対象とし
た科目が設置されていますが、日本の大学では、経営学や商学といった学問体
系の中に営業活動を直接対象とする科目はほとんどありません。その結果、会
社に就職するまで、営業活動に関して学ぶ機会に接することがありません。営
業に関して正式に学んだ人はほとんどいないのが現状です。

　営業を学んでいないことが、この仕事のやり方でいいのかな、という不安に
つながります。自分のやっていることに自信が持てなくなります。自信が持て
ない仕事では、少しのことにくじけてしまいます。本書では、こうした不安に
応えるために、営業活動に関して必要とされる基本的な知識・スキルを体系化
して解説します。そうした体系のことを、本書では**営業学**と名付けました。こ
れまで、自分の仕事に自信が持てなかった方も、体系立った知識を身につける
ことで、自信を持って日々の業務に取り組むことができるようになります。自
信を持って取り組むことは、成果を上げていく重要な要因です。

　従来、営業活動はマーケティング機能の1つという位置づけになっていまし
たが、本書では、営業活動を中心に据えて新たに体系化を図りました。具体的
には、営業に関して次の4つの領域に分けて説明します。4つの領域とは、①
営業管理全般、②営業組織の管理、③営業活動の実践、④営業活動の向上です。
これら4つの領域について、関連する経営学の領域（経営戦略論、マーケティ
ング、組織論、人的資源論など）の概念を取り入れながら解説していきます。
したがって、本書を学ぶことによって、経営学全般についての知識も習得でき
ます。この点が本書の大きな特徴です。

　一方、セールストークや交渉術、顧客応対などの営業活動のテクニック的な
側面についてはほとんど触れていません。営業のハウツーに関する書籍は、書
店に溢れているからです。また、トップセールスによる個人的な自慢話や体験
談をもとにした書籍も数えきれません。本書を通じて、学問的内容でしっかり
裏打ちされた営業学という体系を、ぜひ身につけてください。本書を手に取っ
た皆さんが素晴らしいキャリアを築きあげ、成功した人生を送ることの手助け
になれば幸いです。

第Ⅰ部

営業を管理する

第Ⅰ部では、営業活動の概要と全社的な経営活動の中での位置づけについて学びます。

第１章では、**営業管理の概要**について学びます。営業管理とは、営業活動全体を司る重要な業務です。また、営業活動の内容全般についても理解しましょう。

第２章では、**経営戦略と営業活動の関係**について学びます。効果的な営業戦略を立案するためには、会社の経営戦略との間でうまく連携がとれていることが必要です。そのためには、経営戦略についての知識と理解を深めることが重要になります。

第３章では、**マーケティングと営業活動の関係**について学びます。経営戦略の展開には、それを支えるマーケティング戦略の存在が不可欠です。営業活動は、そのマーケティング戦略と密接につながっています。

第 1 章

営業管理の概要

　今日のビジネス環境の中では、営業活動の重要性がますます高まっています。そうした中、営業活動の本質を理解しておくことは重要です。

　本章では、営業管理（セールスフォース・マネジメント）の概要について学びます。営業管理の概要を知ることは、営業学の基本であり、営業活動の全体像を身につけるための出発点です。営業職の特徴、営業管理プロセス、営業活動の変化などについて学びます。

▶ 営業活動の重要性と現実

　営業は企業活動における最も重要な活動の1つです。その理由は、企業が計上する収入（売上げ）の大部分は、営業活動によって生み出されるからです。企業の存続の源泉である売上げを、唯一生み出すのが営業活動です。営業活動は、企業にとっての生命線といってもいいでしょう。

　昨今の社会における人工知能（AI）の広がりによって、多くの仕事がコンピューターに置き換えられると言われています。しかしながら、営業活動は人的側面が重視される特性から、コンピューターによる代替には難しい面がたくさん残っています。そのため、営業職は人間が就く職種として、その存在価値の重要性はしばらくの間無くなることはないと言えるでしょう。

　営業活動の重要性は、営業活動に携わるビジネスパーソンの多さからもみてとれます。営業職に従事する職業人の数は多く、現在我が国では341万人いるとされています（総務省、2020『労働力調査』）。この人数はホワイトカラー全体に対して、約10％の割合を占めています[*1]。

＊1　ホワイトカラーには、専門的・技術的職業従事者（1,229万人）、管理的職業従事者（129万人）、事務従事者（1,364万人）、販売従事者（846万人）が含まれる。

　こうした重要性がある反面、営業職は世間的にはあまり好印象をもたれていません。営業活動に対するイメージが良くない理由は、営業活動が厳しい仕事であると思われているからかもしれません。「ノルマがきつい」、「勤務時間が長い」、「顧客との対応が難しい」などといった、営業活動が持つ特性がその背景にあります。また、営業活動は人によって千差万別であり、顧客という相手と交渉するという業務の性質から、業務のやり方を形式的に一般化する（定型化）ことが難しいという側面も影響していると考えられます。

　厳しい仕事と思われている反面、営業活動には特別の技能は必要とされず、誰にでもできる仕事である、というふうにも思われています。多くの企業で、新入社員の最初の配属先が営業部門になる場合が多いようです。また、営業職の募集の際には、「経験不問」、「誰にでもできる簡単な仕事です」などと、敷居の低さを強調することもよくあります。その背景には、営業員を新規で次から次へと採用しても離職率が高いことや、採用し

新入社員営業員の悩み

　入社直後の新入社員に対して、「入社後営業活動を行う上で、最も困っている / 悩んでいる課題は何ですか？」と聞いた結果の中から、代表的な項目を 5 つ抜き出したものが下の表 1 です。この結果から、新人営業員の営業活動に関する悩みがよくわかります。本書で営業学を学ぶことで、こうした悩みにも対処できるようになるでしょう。

表 1　新入営業員の悩み

① 自己の仕事に対するモチベーションについての維持と向上についての悩み
② 顧客との対応や顧客側の相手（カウンターパート）の理解、コミュニケーション
③ 新規顧客の獲得
④ 予算、ノルマについての達成、またはそこからのプレッシャー
⑤ 将来のキャリアパスについての不安

データソース：第 6 回 営業 LIVE　（2016 年 4 月新卒新人営業対象）　2016.10.27 221　セールス・ヴィガー社

ても研修やトレーニングを実施せず、いわば使い捨てにされているという事情もあります。こうしたネガティブなイメージが寄り集まって、営業職が不人気な職種となっていると考えられます。

営業職の内容と特徴

■ 代表的な仕事内容

　それでは、そもそも営業職とはどのような職種なのでしょうか？　ここでは、営業職の一般的な業務内容をまとめておきます（表2参照）。

　営業職の主な業務は、自社の製品やサービスを顧客や消費者に購入するよう働きかけることです。働きかけの中で、説得したり交渉したりというセールス・テクニックが要求されます。取り扱う商品・サービスの特質や顧客の属性によって、BtoC や BtoB という区分に分けられます。本書では、

表2　営業の仕事一覧

売上計上	顧客へのサービス提供	テリトリー管理	専門性の開発	会社の業務
訪問前計画 見込顧客管理 セールス・プレゼンテーション 反対意見の克服 受注処理 発注手配 接待 クレジット /ファイナンスの手配 支払いの回収 展示会への参加	経営 / 技術コンサルティングの提供 納品・修理の監督 在庫確認 棚卸在庫管理 マーチャンダイジング支援の提供 共同広告、店頭ディスプレイ、パンフレットの作成 製品・機器のテスト統括 卸売業者および小売業者の販売員のトレーニング	顧客、競合他社、市場の動向に関する情報の収集と分析 所属する会社の適切な担当者への情報の伝達 販売戦略、計画、予測、予算の策定	各種会議への参加 ●営業会議 ●業界団体・専門家会議 ●研修	新人営業員のトレーニングをおこなう 市民の義務を果たす

出典：Spiro et al.（2007）

原則として BtoB 営業を想定しています。

　新規顧客の開拓をおこなったり、既存顧客との良好な関係の維持・向上に努めたりします。これは顧客関係管理（CRM、第 9 章で学びます）に相当します。また、一連の商取引に関して、契約書の締結や支払い管理、売掛債権の管理と回収などをおこなう場合もあります。

　その他、市場動向や競合他社の動きに関する情報を収集し、社内に取り入れることもおこないます。こうした社外情報は、マーケティング部門や研究開発部門にフィードバックされ、新製品開発のアイデアとして貴重です。

■ 営業職のイメージ 1　苛酷な職場

　営業職の労働環境は、一般的に非常に厳しいというイメージが定着しています。一般に、ノルマと呼ばれる売上目標値が設定されて、その達成を強く要求されるということが広くおこなわれています。ノルマは達成すると高い報奨制度が用意されている場合もあり、必ずしも悪い面だけではないのですが、世間一般にはネガティブな側面が強調されて広く伝わっているようです。

■ 営業職のイメージ 2　男女の割合

　営業といえば、かつては男性向けの業務でした。社外に出て客先を訪問する営業活動は、男性社員が担当していました。一方、営業部門に配属された女性社員は、内勤といって社内で外回りをする男性営業員のサポート業務を担当していました。

　近年では営業職につく女性の数も増えています。また今日では、男女雇用機会均等法により、原則として男女で

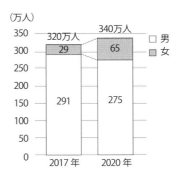

図 1　営業職の男女比

出典：2017 年度、2020 年度『労働力調査』
　　　より（全産業・営業職従事者数）

職務内容に差を付けることは認められません。営業職の男女比の現状はどのようになっているのでしょうか？

　2017年と2020年のデータを比較すると、営業職従事者の総数は20万人増加していますが、女性営業員数が増加していることがわかります（図1）。

■ 営業職のイメージ3　年代別男女の割合

　それでは、世代別の営業員の男女比はどうなっているのでしょうか？

　表3は、私が2021年2月にBtoB担当営業員1,000人を対象に実施したウェブ調査の結果です。各年代ごとに200名ずつ割り当てて、調査を実施しました。その際の性別割合データを見ると、世代別に男女比が変化していることがわかります。特に若年層に女性の割合が高くなる傾向が見て取れます。20代は、男女の割合はほぼ同じくらいです。反対に50代になると、男性比率が最も高く、女性比率は最も低い結果となりました。

表3　世代別営業員の割合

世代	男性　%	女性　%
20代	13.6	11.4
30代	17.1	7.9
40代	19.6	5.4
50代	20.4	4.6

営業職が他の職種と異なっている点

　Spiroら（2007）では営業職が他の職種と比べて異なっている点として、下記の点が上げられています。

1. 役割が曖昧である。
2. 役割のストレスが強い。
3. 役割の葛藤がある。
4. しょっちゅう初対面で断られる。
5. 接待等の経費が使える。
6. 高いモチベーションが求められる。
7. 出張が多い。

出典：Spiro et al.（2007）

営業員のタイプ分け

　次に、営業員のタイプについて見ていきましょう。それぞれの営業員の個性が反映されていると同時に、取り扱う商品やサービスの性質によっても、必要とされる営業員のスタイルは異なります。一般的にはどういったタイプの営業員がいるのでしょうか？

　因子分析とクラスター分析によって、営業員のタイプを6種類に分類した研究があります[*2]。それらの6種類は、①コンサルタント型、②新規ビジネス・チャネル開拓型、③伝道師型、④配達型、⑤営業支援型、⑥大口顧客対応型です。それぞれのタイプについて、簡単に見ていきましょう。

　①**コンサルタント型**は、顧客のニーズを満たし問題を解決することを支援します。自社の製品・サービスを用いると、どのように顧客にニーズや問題解決にふさわしいかをアピールします。

　②**新規ビジネス・チャネル開拓型**は、新規顧客を開拓することが重要な目標となります。こうしたタイプの営業員は、あらゆる業種においても求められるタイプであると言えます。

　③**伝道師型**は、注文を取ったり製品を売ったりすることには主眼を置いていません。自社のコンセプトや価値観を顧客に広げるために行動します。

　④**配達型**は、現状を維持するタイプの営業活動です。反復購買の支援やルーチンになっている顧客支援業務をおこないます。

　⑤**販売支援型**は、他の営業員と協同して、販売促進活動を中心に展開します。また、顧客に対する教育や研修といったサービスを提供します。

　⑥**大口顧客対応型**の活動内容は、先に説明したコンサルタント型と似ている点があります。違う点は、少数の重要な大口顧客のみに焦点を絞った活動をすることです。

---

*2　Moncrief et al.（2006）

これ以外にも、営業員のタイプ分けはいくつかおこなわれています（表4）。

表4　営業員のタイプ

Ingram et al.（2020）	Dixon et al.（2013）
①狩猟者、開拓者型	①勤勉型
②農民型	②挑戦者型
③ミッション・セールスマン型	③関係構築型
④情報提供型	④一匹狼型
⑤販売員型（小売業界）	⑤（受動的）問題解決型

営業管理の定義

本書では、営業管理を次のように定義します。

営業管理とは、企業内の営業部門が実施する、セールス業務全般についての管理をおこなうこと

また、営業管理の具体的な内容としては次のように定めます。

営業活動を展開する上で必要とされる、営業部門の組織的な運営と管理、活動計画・戦略の策定、並びに、営業部門に配属された営業員の採用・教育研修、待遇等の一連の管理をおこなうこと

最後に、営業管理の目的については、下記のように設定します。

営業管理の目的は、営業活動全般を管理して、企業にとって好ましい結果（好業績）につなげること

次の節では、営業管理の背景やその変遷についての説明をおこないます。

営業管理プロセス

営業管理活動の一連の流れである営業管理プロセスは、次の3つのステップから成り立っています（図2）。

図2　営業管理プロセス

最初の**形成段階**とは、営業活動全般についての戦略的形成です。営業活動の戦略方針と日々の業務に用いる営業力を整備します。具体的には、①営業戦略の策定（Planning）と②営業力の組織化（Organizing）が含まれます。

①営業戦略の策定は、企業の全社戦略やマーケティング戦略の下で、求められた役割や目標を達成するために必要です。社内の他部門との間で緊密な連携をとりながら、優れた営業活動を展開するために、営業戦略を明確に定めておくことが重要です。その際には、直面する経営環境について、十分考慮した内容であることが重要です。考慮すべき経営環境としては、経済情勢、政治的状況と法制度、自然環境、技術、社会と文化の状況、などがあります。第2章で学ぶ、経営戦略のフレームワークであるPEST分析を用いることもできます。

②営業力の組織化では、自社の営業力を高度化するためのさまざまな施策を立案・実施します。営業テリトリー内での営業チャネルの整合性やテリトリー分割なども検討します。営業部門の組織化は、いったんおこなえば終わりではありません。日常の通常業務と並行して、状況に応じて営業組織を更新していく必要があります。

次の**実施段階**では、③営業員の採用・配属と④営業員の研修・教育をおこないます。

③**営業員の採用と配属**については、その重要性を指摘するまでもありません。日本の企業の多くでは定期一括採用が実施されていますが、その場合にも営業員に適性がある人員の確保を心がける必要があります。中途採用の場合には、営業部門で必要とされる営業員像やスキルを明確にして、優秀な人材の確保にあたることが重要です。

　④**営業員の研修・教育**では、採用・配属された営業員のスキルを向上させるための取り組みをおこないます。一人ひとりの営業員の能力を高めることは、営業組織の強化のためには欠かせません。そのために、研修・教育を実施することが必要になります。日々の営業活動の一連の流れを確立し、自社の標準的なセールス業務の流れを定めます。こうして定まった業務手順にもとづいて、営業員に対して教育や研修をおこないます。各種セールス・テクニックや営業活動に用いるツール類（セールス・マテリアル）の準備などもおこないます。

　最後の**評価段階**では、⑤営業員の動機付けと⑥業績評価と報奨制度をおこないます。

　⑤**営業員の動機付け**は、パフォーマンスの向上につながります。企業活動の重要な目的は売上高を増加させることですから、一人ひとりの営業員のモチベーションを高めることの重要性は言うまでもありません。

　⑥最後に、**業績評価と報奨制度**があります。営業員の動機付けを高めるためには、営業員の業績を適切に評価し、それに見合った報奨を与えることが大切です。また、こうした制度を公正に運用することも重要です。営業員の業績を正しくモニターし、必要に応じた信賞必罰を通じて、営業員の日々の活動をコントロールします。

志向の変遷

　ビジネス上の優先順位、もしくは中心的な関心領域は、時代の変化とともに変遷しています。これは営業活動にとっても同様です。こうした中心的な関心領域のことを、**志向（Orientation）**と呼びます。ここでは、1940

年代から今日にいたるまでの志向の変遷を、営業活動にからめて見ていきましょう。

■ 製品志向 (Product Orientation)

第二次世界大戦以後の復興期（1945年以降）は、世界中の企業で**生産能力の増強**が追求されました。当時の経営上の課題は、営業・販売活動よりも生産活動に重点がおかれました。これが製品志向の時代です。製品志向の経営活動は、その後、生産管理、工場の効率的オペレーション、JIT、QC活動などに発展していきます。

■ 販売志向 (Sales Orientation)

企業の生産能力が回復するにつれて、次第に販売活動に焦点が移っていきました。それと同時に、悪名高い**ハードセル**（hard sell：売らんかな主義）と呼ばれる、営業力による売上実現の追求を至上命題とする動きが出てきました。また、製品の差別化が重視されるようになりました。そうした中で、マーケティング活動は**マス・マーケティング**の道を突き進みます。

マーケティング全盛時代になりますと、マーケティング・ミックスなどの概念が広がりました。マーケティングや営業活動のテクニカルな側面が重視され、いかに顧客に買わせるかが優先的に追求されるようになりました。端的に言えば、うまいこと言って顧客を「食い物にする」方向性を追求するようになったわけです。

■ マーケティング志向／市場志向 (Marketing Orientation／Market Orientation)

1970代に入って、製品の増殖と**セグメント・マーケティング**が重視されるようになってきました。顧客・市場を特性によって細分化（セグメント化）して、個別対応による効率化の追求がおこなわれました。また、**コンサルティング営業**という新しい考え方が生まれてきました。

1970年代後半に入ると、顧客を分類するようになりました。大口顧客やキー（主要）顧客を特定し、それぞれに担当の営業員・マネジャーや役

員が生まれました。また、営業活動はマーケティング活動の重要な要素であるという認識が広がりました。

　1980年代に入ると、購買部門に変化が起きます。サプライヤー・セグメンテーション戦略や高度なサプライチェーン管理モデルなどの新しい購買手法が登場します。これに対して、営業する側にも抜本的な見直しが必要とされるようになります[*3]。

■ 顧客志向 （Customer Orientation）

　2000年代頃から、**顧客関係管理**（**ＣＲＭ**：Customer Relationship Management）という概念が注目されます。顧客志向の始まりです。顧客志向は、もともとはマーケティングで提唱された概念です。それが企業活動全体に広まり、営業活動にも大きな影響を及ぼしました。その結果、営業活動の方法に大きな変化が見られるようになり、**営業管理**（Sales Management）が注目されるようになりました。営業管理のうまい／下手が、企業の業績に大きく影響するようになったからです。

　ここで見てきた志向の違いが、営業員の業績におよぼす影響を分析した研究があります[*4]。予想に反して、販売志向は業績に悪影響をおよぼすとは言えないという結果に終わりました。業績向上に効果的な志向は、状況によって異なるということでしょう。

営業員の呼び名の変遷

　志向性の変遷と同様に、営業員についての呼び方も時代の変遷とともに変化しています。営業員の呼称の変遷についてもまとめておきます。

　営業員については、**セールスマン**（Salesman[*5]）という呼び名が一般的で

---

*3　ただし、この時期は○○志向と呼ばれる目立った概念は生まれていません。
*4　Goad and Jaramillo（2014）
*5　セールスマンがタイトルに入っている映画などもあります。例『セールスマンの死』

営業研究テーマの変遷

　現実の企業経営の世界では、時代の変化とともに関心の領域も変化していきます。研究界も例外ではありません。

　Journal of Personal Selling & Sales Management（JPSSM）という営業研究に特化した学術論文誌があります。筆者は、このJPSSMの創刊から現在まで(1980-2019)の40年間に掲載された論文のテーマについて、機械学習（トピックモデルによるテキストマイニング）によって分析をし、論文の研究テーマの抽出をおこないました。分析対象となったのは、784本の論文です。分析の結果から得られた研究テーマ一覧が表5です。年代ごとに、研究テーマが移り変わっていることがわかります。

表5　過去40年間の営業研究テーマの変遷

営業研究テーマ	全期間(%)	1980s(%)	1990s(%)	2000s(%)	2010s(%)
ダイバーシティ＆インクルージョン	**8.4**	**11.9**	**12.8**	7.6	2.3
セールステクノロジー 1.0	**8.2**	**17.1**	**11.5**	4.9	2.2
営業員の対人コミュニケーション	**8.2**	**14.8**	**12.3**	3.9	4.0
リーダーシップとアダプティブ・セリング	**7.6**	0.6	2.7	**10.9**	**13.9**
営業員の評価とトレーニング	**7.4**	**16.0**	**12.2**	3.3	1.0
営業員の離職率	7.3	6.1	**8.9**	**6.9**	7.0
セールステクノロジー 2.0	6.8	0.7	1.3	**7.0**	**16.2**
営業研究における評価尺度	6.1	7.0	7.4	**6.9**	3.3
パフォーマンスの計量モデル	5.9	7.6	6.6	4.8	5.0
営業活動におけるコミットメントと信頼	5.3	2.4	4.9	5.9	7.2
報酬・ボーナス	5.2	**9.6**	5.6	4.5	2.5
営業員の成功と失敗	4.8	0.9	3.1	6.2	**7.7**
顧客志向	4.4	0.3	1.3	4.8	**9.8**
買手と売手の関係	4.1	0.1	2.7	**11.5**	1.0
インターナショナル・セールス	3.6	3.3	2.8	3.4	4.9
セールス・チーム	3.5	1.0	2.7	5.5	3.9
営業研究の手法	3.2	0.7	1.4	1.9	**8.0**

出典：Kitanaka et. al. (2021)、太字は上位5位

13

した。日本でも、そのまま片仮名でセールスマンや営業マンと呼んでいました。1980年代頃から**セールス・レップ**（Sales Rep）と呼ばれるようになりました。（ただし、日本ではあまりこういう呼び方は定着しませんでした。）

　1990年代になると、女性営業員の増加や性差やジェンダーの概念の広がりとともに、セールスマン、営業マンという呼び名が使われなくなりました。かわりに、**セールスパーソン**という呼び名が定着します。日本語でも、従来の営業マンから営業員という呼び名に変わりつつあります。

　また、その頃から、営業員の職務上の特殊な機能から、**バウンダリー・スパナー**（Boundary Spanner：境界を越えて働く人）や**フロントライン**（Frontline：第一線で働く人）のような表現が、学術論文などでもよく使われるようになりました[6]。

営業活動の変化

■ トランザクション型販売からリレーションシップ型販売への移行

　従来の営業活動と近年の営業活動の本質的な大きな違いは、**トランザクショナル営業**と**リレーションシップ営業**という2つの流れに分けられます（表6）。

　従来は、自分（自社）の売上高を確保することが重視されました。そのために、顧客の本当の意向やニーズにはお構いなしに、強引に売りつけるような手法が追求される結果となりました。そして、営業活動やマーケティング活動が、セリング（Selling）と呼ばれ、白眼視されることにつながりました。

　ただし、トランザクションを重視することは、決して間違っているわけではありません。組織として業務効率を追求する中で、トランザクションの効率化を図ることは重要です。顧客が本当に必要とする製品やサービスを提供しているか否かが鍵となるでしょう。また、顧客の方でも、重厚な

---

[6]　Kitanaka et al.（2021）

関係性よりも単純な取引を望んでいる可能性もあります。重要なことは、バランスを取ることです。

　今日では、多くのビジネスでは顧客との関係性を重視します。顧客との関係性を重視し、良好な関係を維持することは、反復購買や購買量の増加につながる可能性があるのでとても重要です。営業活動も顧客との関係性維持を念頭に置くようになります。たとえば、営業員の業績評価の際に、顧客との関係性を評価基準として用いる場合があります。

　関係性の中身について、より顧客側の立場に立って支援するという観点から、製薬業界など一部の業界においては、**相談型営業**（Consultative Selling）も実践されています。相談型営業とは、顧客が戦略的目標に到達できるよう、顧客を支援するスタイルです。その手段として、自社の製品やサービスを提供します。この相談型営業は実は古く、1970年代くらいから提唱されたアプローチです。

　また、似たようなアプローチに**SPIN営業**があります[7]。SPIN営業は、大型商談を対象とした問題解決型アプローチです。このアプローチの注目すべき点は、問題解決に取り組む課題の取捨選択をおこなうことです（ようするに、顧客の選り好みです）。取捨選択の際に、すべての顧客の問題が解決するに値するものではないため、メリハリをつけることを強調しています。「お客様は神様」として絶対視をしない点が特徴であると言えるでしょう。

表6　トランザクション営業とリレーションシップ営業の比較

トランザクション営業	リレーションシップ営業
● 新規顧客の獲得	● 既存の顧客を維持する
● 注文を取る	● 好まれるサプライヤーになる
● 価格を下げて販売を得る	● 利益のための価格設定
● 短期的な売上を最大化するためにすべての顧客を管理する	● 長期的な利益のために各顧客を管理する
● 誰にでも売る	● 高収益の可能性のある顧客に集中する

出典：Spiro et al.（2007）

---

*7　SPIN営業とは、Situation Problem Implication Needs の用語の頭文字をとった呼称で、商標登録されています（ラッカム、2009）。

■ アダプティブ・セリング

　営業活動の変化の中で、**アダプティブ・セリング**（Adaptive Selling）という新しい概念も提唱されています。アダプティブ・セリングとは、営業活動で顧客と接触中に、相手の反応によってこちらの当初の計画や目標を変更することです。簡単に言うと、状況に応じて柔軟に対応することです。あえて新しい用語で言わなくても、優秀な営業員や業績の高い企業ではすでに実践しているかもしれません。

　また、アダプティブ・セリングの度合いによって、営業アプローチを分類することもできます（図3）。アダプティブ・セリングの度合いによって、以下の5つの営業アプローチが示されています。①刺激反応的、②購買プロセス的、③欲求充足的、④問題解決的、⑤コンサルティング・セールス的の5つです。

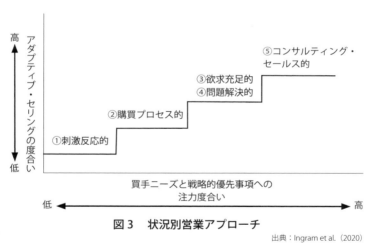

図3　状況別営業アプローチ

出典：Ingram et al.（2020）

　アダプティブ・セリングについての研究では、業績に直接影響があるのは、**顧客の4つのニーズ**（①ニーズ、②パーソナリティ、③コミュニケーション・スタイル、④ボディーランゲージ）であることが示されています[8]。また、マ

---

*8　Alavi et al.（2019）

クロレベルとミクロレベルの両方から、アダプティブ・セリングについての理論を整理した研究もあります[9]。

■ 営業活動に変化をもたらす内部要因

外部要因以外では、企業の内部要因も営業活動に変化をもたらします（図4）。内部要因にはさまざまな内容がありますが、それぞれに対して営業活動も対応する必要があります[10]。表7は、経営戦略と営業活動の課題の具体例をまとめています。

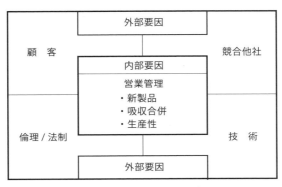

図4 環境の営業への影響

出典：Jones et al.（2005）

表7 内部要因と営業活動の課題

内部要因（経営戦略の変化）	営業活動の課題
●新製品導入 ●企業合併 ●販売プロセスの変更 ●トランザクショナル型からコンサルティング型へ ●新規チャネル戦略 ●新規市場参入 ●付加価値サービスの提供	●高コスト ●不充分な新規顧客獲得 ●自己満足 ●責任の希薄化 ●高い離職率 ●顧客の多様性に対応できない ●製品の多様性に対応できない

---

*9   McFarland（2019）
*10   Jones et al.（2005）

■ 現在の状況

　近年では、インターネットの普及やコロナ禍の広がりにより、営業活動にさらに大きな変化がもたらされています。インターネットの普及による営業活動の変化は、インサイドセールスという新しい形態の営業活動が進んだことです。また、コロナ禍による社会的なリモート勤務奨励の流れは、リモート・セールスやZoom営業といった、新しい営業活動のスタイルを出現させています。こうした新しい営業の変化については、第11章で詳しく解説します。

成功する営業管理と営業組織

　営業力の管理（セールスフォース・マネジメント）で成功するためには、次のような要因が重要になるとされています[11]。具体的な個別の内容については、カッコ内の関連する章で詳しく解説します。

- 顧客価値を最大化するために、営業部門と他の機能部門（特にマーケティングと顧客サービス）を統合する。**(2、3章)**
- 営業組織全体で顧客主導の文化を作り、営業活動を事業戦略やマーケティング戦略と連携させる。**(2、3章)**
- 順応性のある営業組織を開発し、継続的な改善を目的とした関係構築型の販売プロセスを正式に確立する。**(4章)**
- 常に売上を重要なマーケティング変数として評価すること。**(3、12章)**
- チームのパフォーマンスに与える影響を過小評価しない。**(4、12、14章)**
- 行うべきセールスの仕事を包括的に定義し、優れた営業活動を展開するため、細部に至るまで効果的かつ一貫性のある取り組みをおこなうこと。**(4、6、10、11章)**

---

[11]　Forsyth, P.（2002）; Ingram et al.（2020）

● 営業文化が、営業担当者と営業リーダーの継続的なスキル開発をサポートするようにする。**（4、7章）**

● 営業担当者が離職した場合、その理由を判断し、適切な措置を講じる。**（5章）**

● 特定の販売状況にふさわしい最適な人材を採用し、雇用し、維持する。**（5、6、7章）**

● 市場の変化と顧客の期待を常に把握し、それに応じて業務のやり方を現実世界に合わせる。**（8、9章）**

● テクノロジーを適切に使用して、顧客について学び、市場情報を構築し、営業担当者と営業マネジャーの成功を可能にする。**（10、11章）**

● 営業部門のすべての営業員に対して、個別の業績改善計画を策定し、実施する。**（12章）**

● トップセールスの属性を継続的に評価する。**（13章）**

海外の営業関連学会や団体の動向

営業関連の代表的な学会や研究大会、組織などを紹介します。

● **The Global Sales Science Institute**（**GSSI：グローバル営業科学学会**）
　BtoBセールスおよびBtoBセールス・マネジメントに携わる研究者と実務者によって 2007 年に設立された。BtoBセールスとセールス・マネジメントの科学的研究、教育、実践を世界規模で統合することを目的とする。世界中から学者や実務家が集まっており、毎年国際大会を開催している。
　https://gssi.world/

● **AMA Selling and Sales Management Special Interest Group**
（**SalesSIG：AMA セールスシグ**）
　アメリカンマーケティング協会（AMA）の下部組織。営業および営業管理に関する研究、教育、実践を強化するためのプログラムを提供している。知識の創出、最先端の研究と教育のアプローチ、研究と教育への学術的および実践的な視点の統合、継続的な質の向上と教授陣の開発、企業との密接な協力関係、営業分野への新しい博士課程の学生の誘致などを活動目的としている。毎年米国内で年次大会を開催している。
　https://www.ama.org/selling-and-sales-management-sig/

● **University Sales Center Alliance**（**営業教育プログラム大学間連携センター**）
　2002 年設立。営業教育の標準設定、ベストプラクティスの共有、営業教育カリキュラムの充実、営業職を目指す学生のキャリア支援などを通じ、営業プロフェッショナルの専門性を高めるための大学間の協議団体。設立には以下の大学が参加している。ボール州立大学、ベイラー大学、イリノイ州立大学、ケネソー州立大学、北イリノイ大学、オハイオ大学、アクロン大学、ヒューストン大学、トレド大学。
　https://www.universitysalescenteralliance.org/

● **Challenger Sale Institute**（**チャレンジャー・セールス・インスティチュイート**）
　2018 年設立。営業を学ぶ学生向けに、教育・研修・就職等の提供・斡旋をおこなう。
　https://www.challengersalesinstitute.com/

経営戦略と営業管理

この章では、営業管理と経営戦略の関係について学びます。

日常の営業活動を実践する上では、経営戦略についてはあまり意識に上らないかもしれません。しかしながら、企業経営の根幹をなす経営戦略は、さまざまな場・仕組みを通して営業活動に影響しています。この章で経営戦略の概要を学ぶことで、営業管理と経営戦略のつながりを理解しましょう。

経営戦略の概要

営業活動の基本方針は、企業の活動方針によって決定されます。企業の活動方針を方向付けるものが経営戦略です。経営戦略のおもな役割は以下です。

●経営理念の策定

会社の活動の基本となるのが経営理念です。**ビジョン**や**ミッション・ステートメント**と呼ぶ場合もあります。会社は多くの人が集まって組織を作っているため、社員同士が共通の価値観を共有していることが必要です。そのために、企業の基本的な考え方となる経営理念をしっかり作り上げ、社員全員に十分に周知しておくことは非常に重要です。

●事業領域の設定

次の役割は、**事業領域（ビジネス・ドメイン）**の制定です。自社の中核的な事業は何かを見極め、そこに経営資源を集中的に投入します。事業領域の設定の際には、業界の将来動向、自社の顧客や自社の技術的強み、市場における競合状況などをもとに判断します。また、経営環境の変化への対応についての考慮も必要です。

●経営資源の配分

ヒト・モノ・カネ・情報と呼ばれる**経営資源**を、どのように配分するかを決定することも経営戦略の重要な役割です。全社的な視点から、最適な組合わせを考えて事業ポートフォリオを構築します。また、社内各部門の人員構成・配置の割り振りや技術開発への先行投資、生産能力の増強など、経営資源の配分は社内のあらゆるところで直面する重要性の高い課題です。

●実行計画の策定

会社は通常は単年度決算で経営されています。企業経営は、単年度予算と実績との乖離をコントロールする形で進められます。さらに、もう少し長期的な視点からの経営も必要です。そこで、5〜10年程度の範囲で中・長期経営戦略を立案する場合もあります。具体的な実行計画を作成するためには、①自社が置かれている現状を分析する、②目標設定をする、③前の2者（①と②）のギャップを埋めるための具体的な計画内容を考える、という手順を踏みます（後述、図6参照）。

経営戦略の機能

次に、経営戦略の機能について見ていきましょう。経営戦略には次の3つの機能があります。

①企業の羅針盤

経営戦略は企業の将来の方向を示します。自社の将来像が明らかであれば、経営環境の変化への対応が可能になります。自社の将来像を把握した上で、主体的に経営環境の変化に対応することは重要です。その結果、環境変化の中で長く存続できる可能性を高めることができます。

自社の将来像が明らかでない場合は、環境の変化に振り回されてしまいます。その結果、自社の戦略に則った先手を打てず、受け身にならざるを得ません。そのような受け身の経営方針では、厳しい経営環境の中で生き

残ることは難しいでしょう。

　企業の羅針盤として機能するためには、一定の方向性を維持することも重要です。少しの環境変化に振り回されて、事業・製品ポートフォリオを組み替えたりすることは経営効率という観点から問題です。また短期間のうちに、組織構造を改変したり、経営方針の優先順位を変えたりすると、安定した企業経営が成り立ちません。そうしたことがないように、経営戦略が企業活動の方向性と安定性を維持してくれます。

②社内で価値観を共有する

　経営戦略は自社の従業員に対する行動規範となります。自社の社員とはいえ、多数の社員の価値観はさまざまです。行動規範としての経営戦略は、従業員の間で共通の価値観を生み出す土台となります。

　一定の価値観を従業員の間で共有できるようになると、迅速な意思決定につながります。たとえば会議などでの議論の際にも、価値観を共有していると議論がかみ合いスムーズに結論を導き出すことができます。また、価値観を共有できると、従業員は会社に対して忠誠心（ロイヤリティ）を持つようになります。このことも、経営戦略の持つ重要な機能の1つです。

③広報機能

　経営戦略を公表することによって、社外に対するコミュニケーションがおこなわれます。経営戦略の持つ広報機能は、外部の利害関係者（ステークホルダー）や地域社会から、理解や共感を獲得することにつながります。これはコーポレートガバナンスの面からも、とても重要な要素となってきます。

経営戦略の階層構造

　経営戦略は、**階層構造**になっています。そこでは、企業戦略＞事業戦略＞機能別戦略という階層構造ができあがっています（図5）。

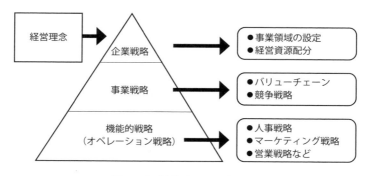

図5　経営戦略の階層構造

　これまで見てきたように、企業経営にとって経営戦略は欠かせない重要な要素です。多くの企業が実際に経営戦略を立案して持っています。経営戦略では、経営理念に従って、事業領域の設定や経営資源配分をおこなっています。

　ところで、多くの企業は複数の事業を展開しています。同じ会社といえども、異なった事業領域同士では業界の状況や競合他社の動向といった経営環境は異なっています。そこで、それぞれの事業領域毎に、具体的な内容の戦略を個別に立てる必要が出てきます。それが**事業戦略**です。事業戦略では、その業界の中でどうやってライバル企業に打ち勝つかということが中心になります。そのためには、主に競争戦略を中心にして事業が展開されます。

　また、日々のビジネス活動においては、機能部門ごとに戦略を考える場合があります。こうした戦略は部門ごとの活動方針になります。これを**機能別戦略**といいます。日々の事業活動上の**オペレーション戦略**と言い換えてもいいでしょう。具体的には、人事戦略、マーケティング戦略、生産戦略、R＆D戦略などがあります。

経営戦略の立案

経営戦略を策定するには、以下のような手順に従います。

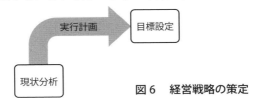

図6　経営戦略の策定

①現状分析

　経営戦略策定は、現状分析から始まります。現状分析をおこなうために
は、企業経営を取り巻く要因を把握しておく必要があります（図7）。社会
全般の情勢から、業界動向、競合他社の動向、外部からの新規参入や自社
内の状況にいたるまで、企業経営を取り巻く要因はさまざまです。そうし
た状況について正しく認識し、自社の強み弱みを正しく認識しておくこと
は重要です。

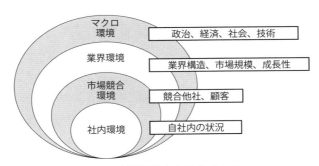

図7　企業経営をとりまくもの

　現状分析をするためのツール*12 は、外部環境分析と内部環境分析に分
類できます。外部環境分析としては、**PEST分析**があります（図8）。その
他、顧客・市場分析のための**アンゾフの成長戦略**があります。また、競合

---

*12　以下のツール類に関する詳細説明は省略します。必要な人は、経営戦略論の入門書等を参
照してください。『プレステップ経営学』（北中、2009）もおすすめです。

分析のためには**ポーターの競争戦略**や**アンゾフの競争戦略**がよく知られています。内部環境分析としてよく知られているものには、**ポーターのバリューチェーン分析**や**マッキンゼーの7S分析**などがあります。

内部環境と外部環境を同時に分析するのが**SWOT分析**です。SWOT分析は、自

		中身
P	Politics-	政治的環境
E	Econimics-	経済的環境
S	Social-	社会的環境
T	Technology-	技術的環境

図8　PEST分析

社の内部要因の分析と外部環境との組合わせで、事業の可能性を検討するためのフレームワークです。SWOT分析とは、内部環境（内的要因）としての 強みと弱み、外部環境（外的要因）としての 機会と脅威を列挙して、分析しようとするものです（図9）。SWOTとは、強み（Strengths）、弱み（Weaknesses）、機会（Opportunities）、脅威（Threats）のそれぞれの頭文字を取ったものです。それぞれの枠内に、考えられる項目を列挙することによって、経営戦略の検討をおこなえるように工夫されています。

②目標設定

自社の現状分析の次は、戦略の目標設定です。経営戦略の階層構造に従って、それぞれ設定する内容がことなります。

全社目標設定では、おもに企業ドメインの決定がおこなわれます。また中長期的な事業計画による達成売上目標などを設定する場合もあります。

事業別目標設定では、おもに競争戦略の設定が中心となります。業界における同業他社を念頭に、自社の強みを生かした事業戦略を立案することが重要です。

機能別目標設定では、日々の業務を実施する上での活動計画を定めます。その際に、会社内の各部門の活動を通じて、シナジー効果（相乗効果）が生み出されるように調整することも重要です。

内部環境	強み	弱み
外部環境	機会	脅威

図9　SWOT分析

③実行計画の策定

　目標が定まったら、具体的な計画内容の策定です。これは経営戦略の中核的な要素と言っていいでしょう。よく用いられる手法としては、事業のポートフォリオを考える**PPM**（Product Portfolio Management：プロダクト・ポートフォリオ・マトリックス別名**BCGマトリックス**）と呼ばれる分析手法があります。PPMでは、事業を「カネのなる木」「スター」「負け犬」「問題児」の4つのタイプに分類して、会社全体での最適な事業の組合わせを考えようとします（図10）。

　策定した事業マトリックスが、自社の経営理念やビジョンとの間で整合性がとれているかを確認しておくことが重要です。経営資源の配分や組織間関係などについても検討が必要です。また、戦略を立案するために用いたさまざまな前提や仮説などについても、できるだけ詳細に検討しておくことが重要です。

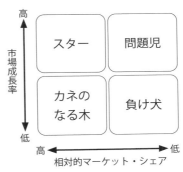

図10　プロダクト・ポートフォリオ・マトリックス（PPM）

戦略レベルごとの中身

　経営戦略は先に見たように、階層的な構造をしています。表8は、戦略レベルごとの内容について比較してまとめたものです。この表では、先の3階層に加えて、営業戦略のレベル（階層）が付け加えられています。

　それでは、それぞれの戦略レベルの内容について、詳しく見ていきましょう。その後で、営業活動との関係についても押さえておきます。

■ 企業戦略

　複数の事業部を持ち複数の製品やサービスを提供している企業にとっては、企業戦略の立案が重要です。事業部が独立してある程度の自立性を

持って運営されている場合でも、事業部が全社方針を無視して独自の活動をおこなうことはできません。全社的な企業戦略の方向性の中で、社内の各事業部は事業展開をおこないます。これは事業部の活動に対して制約になります。このようにして、企業戦略は各事業部の活動をコントロールしていると言えます。

　企業戦略の中で最も重要な点が、**経営理念・ビジョン・ミッション**の策定でした。経営理念・ビジョン・ミッションは、企業活動の根本的な価値観を提供し、土台として経営戦略を支えています。このことによって、企業戦略は各事業部が経営上の判断を下すときの判断基準を提供します。言い換えると、事業戦略のよりどころとして、企業戦略が存在しています。

　企業戦略による事業領域の設定と経営資源の配分も、事業戦略に影響を与えます。両者はそれぞれ、事業部の活動に対する制約となります。この制約は、企業戦略による各事業活動に対する、より直接的なコントロールであると言えるでしょう。

表8　戦略レベル別内容比較

戦略レベル	主要意思決定領域	主要意思決定者
企業戦略	企業ミッション 戦略的ビジネスユニットの定義 戦略的ビジネスユニットの目的	企業経営者
事業戦略	戦略パターンの選択 戦略の実行	ビジネスユニット統括者
マーケティング戦略	ターゲット市場の選定 マーケティング・ミックスの開発 統合マーケティング・コミュニケーション	マーケティング部門責任者
営業戦略	顧客ターゲティング戦略 リレーションシップ戦略 販売戦略 販売チャネル戦略	営業部門マネジャー

出典：Ingram et al.（2020）

■ 事業戦略

　企業戦略によって設定された事業領域と分配された経営資源の制約の中で、各事業部は事業展開をおこなうことになります。事業戦略は、事業の達成目標を設定し、各事業が市場において、どのようにビジネス展開するかを定める基本方針となります。市場における具体的な活動計画の立案が求められるため、事業戦略の内容は競争戦略が基本となります。競争戦略には、**コスト・リーダーシップ戦略**、**差別化戦略**、**集中戦略**、の3つの基本戦略とよばれるパターンが存在します。

　コスト・リーダーシップ戦略では、効率的な設備投資やコスト削減を通してコストを下げ、低価格を武器に同業他社に対する競争優位性を獲得しようとします。

　差別化戦略は、業界による特異性を考慮し、競合他社の商品やサービスと比較して機能面などにおいて違いを生み出すことにより、競争上の優位性を得ようとすることです。

　集中戦略は、特定の購買者層、製品セグメント、市場、地域に対して、経営資源を集中的に投下します。これは、経営戦略を考える際の定石です。その反対にタブーとされているのは、資源の分散・逐次投入です。このように、特定のセグメントに集中した上で、コスト面に集中するか（**コスト集中**）、差別化に集中するか（**差別化集中**）、いずれかのアプローチを取ります。

　企業は、自社の強みや特徴に最もふさわしいパターンを選択し、事業戦略を立案します。また、立案した事業戦略をもとに事業活動を展開して、競争優位性の確立を目指します。

■ マーケティング戦略

　事業戦略を実現するための、具体的な活動計画となるのがマーケティング戦略です。マーケティング戦略の基本は、市場における自社の位置づけです。**セグメンテーション**、**ターゲティング**、**ポジショニング**を通じて、攻略すべき市場を定め、顧客を特定し、自社の位置づけを明確にします。

マーケティング活動の目標が定まったら、具体的な活動内容を決定します。その際には、**マーケティング・ミックス**（マーケティングの4P）と呼ばれる、4つの領域ごとに活動内容を決定します。ちなみに、営業活動は4Pのひとつであるプロモーションの下部要因となっていますので、マーケティング戦略との間には密接な関係があります。この点については、次の第3章で詳しく説明します。

■ 営業戦略

　マーケティング戦略が設定されると、マーケティング上の達成目標が明確になります。マーケティング・ミックスの他の要因と連携を図りながら、営業活動が展開されます。営業戦略は、その際の具体的な活動指針となります。

　営業戦略は、年度予算と連携して立案されます。年度内の売上げ目標や獲得顧客数などの達成目標が、戦略的な視点から検討され設定されます。こうした達成目標は、多くの場合具体的な数字（ノルマ）として設定されます。

　その他の戦略的な検討事項としては、**顧客戦略**（顧客管理、顧客関係性）、**販売チャネル戦略**（直販、卸・小売り、インターネットなど）、販売戦略などのさまざまな視点があります。これらの内容については、次の節で詳しく説明します。

戦略的営業管理の視点

　営業管理をどうやって戦略的に展開していくかを考えることが、戦略的営業管理です。戦略的営業管理の視点では、以下のような個別の営業活動に即して、具体的に考えることが必要です。

● 営業組織の編成
　－購買センターの対応

　　　　－チーム営業
●販売戦略の立案
　　　　－価格設定
　　　　－提供内容
　　　　－目標設定
●顧客対応戦略
　　　　－関係性構築戦略
　　　　－大口顧客対応
●チャネル戦略
　　　　－ネット販売やインターネット対応について
　　　　－流通業者との関係
●販売委託戦略
　　　　－エージェント
　　　　－独立系販売委託
●営業展開戦略
　　　　－営業アプローチについて
　　　　－営業スタイルについて
●営業員対策
　　　　－モチベーション向上や報奨プランについて

　この章では、経営戦略について学びました。そして、経営戦略の中における営業管理の位置づけについても理解できたと思います。全社的な経営戦略との関係、ならびに次の章で学ぶマーケティング戦略との関係を理解した上で、営業管理を考えていくことが重要です。

第3章

マーケティングと営業管理

この章では、営業管理とマーケティングの関係・連携について学びます。企業活動の中で、営業活動と密接に絡んでいるのがマーケティングです。マーケティングの中で営業活動は、プロモーション活動の一環として位置づけられています。マーケティング以外の社内の他部門との関係についても、正しく理解しましょう。

▶ マーケティングの概要

　マーケティング活動の成否は、企業の製品の売り上げを直接的に左右します。こうしたことから、企業経営におけるマーケティングの役割は重要なものとして位置づけられています。また、経営戦略との関係についても、経営戦略による事業戦略を落としこんだものがマーケティング戦略です。

　マーケティングは、企業活動の中で広い領域をカバーしています。一般に、マーケティングの役割は、①製品もしくはサービスを作り上げ、②販売促進活動をおこない、③顧客（消費者・企業）に送り届けることであるとされています。特にこの中でも、最もマーケティング活動らしい働きが、2つ目の販売促進活動でしょう。

　マーケティングと営業管理の関係は密接です。従来から、営業活動は人的販売として、マーケティングのプロモーション活動の一部という位置づけとされてきました。最近の動向を見ると、マーケティング機能と営業機能の連携がさらに進んでいるように見えます。その背景には、マーケティング・オートメーション（MA）とセールスフォース・オートメーション（SFA）といった、新しいシステムの導入が進んでいることがあります。この点については10章で詳しく見ていきます。

マーケティングの定義

マーケティングは、企業活動の中で重要な役割を果たしています。米国マーケティング協会（AMA：American Marketing Association）は、マーケティングを以下のように定義しています[13]。

マーケティングとは、顧客、クライアント、パートナー、そして社会全体にとって価値のある提供物を創造、伝達、提供および交換するための活動をおこなう一連の制度およびプロセスである

この定義を見るとわかるように、マーケティング活動の本質は、価値のある提供物の創造から始まります。価値のある提供物とは、これまでに社会に存在しなかった新製品や、顧客やパートナーが必要としている解決策（ソリューション）などが考えられます。

次に、新しい提供物を伝達もしくは提供することになります。宣伝広告などによって、新しい提供物の内容を伝える活動をおこないます。また、提供するための手段として、さまざまな流通チャネルを利用します。

最後に、新しい提供物と対価と交換します。対価とは基本的には製品やサービスの価格です。経済活動の本質が交換であることから、マーケティング活動もまさしく経済活動のひとつであると言えるでしょう。

マーケティング志向の変遷

第 1 章で営業管理の志向性の変遷を学びました。それと同様、マーケティングの基本的な考え方も、時代とともに変化してきました。以下の図11 はその変遷を捉えたものです。

---

[13] The Definition of Marketing — AMA（2017 最新版）

図 11　マーケティング志向の変遷

それぞれの志向を簡単に見ていきましょう。

- **製品志向**：ここでは、顧客は、性能・品質・パフォーマンスの優れた製品の購買にのみ関心があるとみなします。
- **製造志向**：顧客の関心は、入手可能で価格の手頃な製品に重点があると考えます。
- **販売志向**：売り手が重点的にセールス・プロモーションを展開した場合にのみ、顧客の製品購買動機がおこると考えます。
- **マーケティング志向**：ターゲット市場のニーズを読み取り、競合他社よりも効果的活効率的にアプローチすることが成功の秘訣であると考えます。
- **ソシエタル・マーケティング志向**：顧客だけでなく社会全体のメリットを実現するようにマーケティング活動を展開する必要があると考えます。
- **顧客志向・関係志向**：顧客との長期的な関係性の構築・維持が重要であると考えます。

◣マーケティングの 4P

マーケティングの代表的なコンセプトに、**マーケティングの 4P** があります。マーケティングの 4P とは、マーケティング活動の具体的な施策を検討するために、マーケティング活動を、**製品**（Product）、**価格**（Price）、**流通**（Place）、**プロモーション**（Promotion）の 4 つの領域に分類したものです（図 12）。

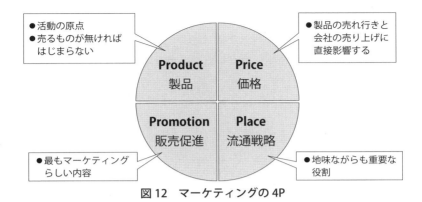

図12 マーケティングの4P

　これら４つの領域に対して、マーケティング上の目標を達成するために必要と思われる施策を検討します。検討結果のそれぞれの組合わせという意味で、**マーケティング・ミックス**と呼びます。適切なマーケティング・ミックスを決定することが、マーケティング戦略であると言えます。マーケティング戦略が立案されると、全社的に有効なマーケティング活動を繰り広げることができるようになります。営業活動は、この4Pの中ではプロモーションの中に位置づけられています。

■ プロモーション

　消費者が製品を購買するまでには、意思決定の長いプロセスが存在します。消費者ができるだけ多く自社製品を購入するように、企業はさまざまなメッセージを、プロモーション活動を通じて送ります。そういった意味で、企業が展開するプロモーション活動は、消費者に対するコミュニケーション活動であるという見方もできます。

　プロモーション活動は、さらに細かく細分化されています。①**宣伝広告**（Advertising）、②**販売促進**（Promotion）、③**イベントと経験**（Events & Experience）、④**パブリシティとパブリック・リレーションズ**（Publicity & Public Relations）、⑤**ダイレクト・マーケティング**（Direct Marketing）や**電子商取引**、⑥**人的販売**（Personal Selling）、の６つです。これらの要素の組合

わせのことを、**プロモーション・ミックス**と呼びます。

　近年では、マーケティング活動の本質はコミュニケーション活動にあるとして、**統合型マーケティング・コミュニケーション**（ＩＭＣ：Integrated Marketing Communication）として捉える考え方が主流になっています。そこで、プロモーション活動の中身を考える場合に、統合型マーケティング・コミュニケーションという視点から、**コミュニケーション・ミックス**と呼ぶこともあります。

　営業活動は、プロモーション活動の中の**人的販売**（Personal selling）という区分で扱われます。人的販売は、マーケティング活動の中で重要な役割を果たしているとされています。その理由は、顧客との間での「売手－買手」としての対人的なコミュニケーションを通じて、顧客との間の関係性の構築に着手し、関係性の開発・強化を通じて、最終的には安定した関係性維持に貢献するからです。

　次の節では、マーケティングにおける人的販売がどのように整理されているかを見ていきましょう。

人的販売とは

　マーケティングの 4P のひとつであるプロモーションは、今日ではそのコミュニケーション的側面が強調されています。効果的なプロモーション活動は、6つあるコミュニケーション手段の組合わせの最適化を通じて実現されます。こうした組合わせのことを、コミュニケーション・ミックスと呼ぶことは前節で説明しました。

■ 人的販売の特徴

　人的販売（Personal selling）は、前述の6つのコミュニケーション手段のひとつです。人的販売の特性は以下の3つです。①対面であること。人的販売活動は、二人以上の間で双方向的な関係（リレーションシップ）を築くことが重要です。②（顧客との）付き合いの形態が多彩である。単なる

仕事上の付き合いから個人的な友情関係に至るまで、多様な関係性が構築される可能性があります[14]。③対面での反応がある。これは、顧客が販売員の話を聞くことによってその場で反応が生じることです。既存のマスメディアを使ったコミュニケーションではできなかった特徴です。

　こうした特徴から、人的販売は販売プロセスの後半の段階で特に重要な役割を果たします（図13）。広告とパブリシティで、顧客の自社製品に対する認知度を高めます。顧客が製品を購入するかどうかを決める場合に、人的販売が大きく関与しています。また、その後の処理（注文）を請け負っていることになります。

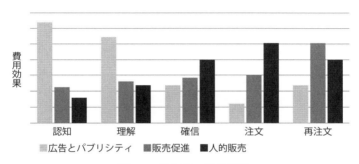

図13　購買者の準備段階

出典：コトラー他『マーケティング・マネジメント 基本編』（2008）

■ 人的販売のプロセス

　一般的な人的販売プロセスは、図14のように整理されます。「販売機会の把握と評価」からはじまり、「事前アプローチ」「アプローチ」を経て、「プレゼンテーションとデモンストレーション」をおこないます。そこで顧客から出された「反対意見への対処」にうまく答えることができると、「成約」にいたります。顧客との良好な関係性維持のためには、「フォローアップとメンテナンス」が欠かせません。

---

*14　Garlach et al.（2016）は、顧客と営業員の年齢差がある場合は、営業員が顧客志向を持っていることが重要であることを報告しています。また、営業員の顧客志向は、自社チーム内の交流が活発で年齢差を気にしないという組織風土が影響することも示しています。

図14　人的販売の7つのプロセス

出典：コトラー他『マーケティング・マネジメント』（2008）より改変

■ 取引と交渉

　人的販売の目的は、顧客との間で取引を成立させることです。取引は、**ルーチン型取引**と**交渉型取引**に分けられます。ルーチン型取引では、価格や納期などの諸条件はあらかじめ当事者間で決まっているため、それほど交渉をすることはありません。交渉型取引では、価格などの諸条件を当事者間の話し合いで決める必要があります。そこでは、長期的に拘束力のある合意事項の交渉がおこなわれます。

　交渉のプロセスでは、販売員にはさまざまなスキルが要求されます。それらのスキルには、事前準備、計画立案能力、プレッシャーに打ち勝つ力、突発事項などの予測不能な事態に対する対処能力、自分の考えをうまく伝える能力、相手の本音を聞き分ける能力、説得力、忍耐力などがあります。こうしたスキルを身につける場合には、研修や教育が重要な役割を占めています。また、採用・配属の際に、こうしたスキルを有する人材を選択することも重要です。

　顧客との良好な関係性を維持するリレーションシップ・マネジメントは、マーケティングや営業の志向性の変化とともに近年になって重要視されています。営業活動においても、顧客との間に長期的に良好な関係を構築することを目指すリレーションシップ・マネジメントの視点が強く求められています。従来の交渉に重点を置いた考え方では、顧客を自社の製品やサービスを売る単なる相手と見なしがちです。今日の状況下では、こうした考え方は好ましくありません。

営業部門とマーケティング部門の衝突

営業部門の活動において、マーケティング部門と連携を十分に取ることはとても重要です。なぜなら、営業活動の目的がマーケティング戦略の中身そのものとなっているからです。こうした重要性があるにもかかわらず、営業部門とマーケティング部門の連携がうまくいかない場合が多いと指摘されます。マーケティングの泰斗コトラーは、2006年のハーバードビジネスレビューに、『営業とマーケティングの戦争を終結させる』というタイトルで論文を寄稿しているほどです[*15]。

■ 連携がうまくいかない理由

営業部門とマーケティング部門との間で連携がうまくいかない理由には、双方どちらにも言い分があるようです。

多くの企業では、マーケティング部門の方が、営業部門より社内的・組織的な立場が強い傾向があります。その結果、営業部門は被害者意識のようなものをマーケティング部門に抱いてしまいます。それが反感を感じさせる要因の1つとなっていると考えられます。マーケティング部門が多額の予算を使って派手なキャンペーンを打つことなどにも、不満を募らせているようです。

それに対して、マーケティング部門からも同様に、営業部門に対して不満を感じているようです。マーケティング部門にすれば、自分たちが長期的で戦略的な視点からいろいろと新しいコンセプトを導入して施策を立案しているのに、短期的で視野の狭い「現場」を持ち出して何かと反対してくる営業部門に対して、快く感じないのも仕方がないのかもしれません。表9は、それぞれの部門から見た相手に対する不満の一例です。

営業部門とマーケティング部門の間の相互不信が高くなりすぎると、これら2つの部門の間での連携がちぐはぐになってしまいます。それは、全

---

*15 Kotler et al.（2006）

社的な視点から見て、好ましくない状況を生み出してしまいます。

表9　相手部門に対する不満

営業部門からみた マーケティング部門への不満	マーケティング部門からみた 営業部門への不満
● 現場の状況を無視したキャンペーンが降りてくる	● 新しい概念や考え方を理解しようとしない
● 営業からの意見を無視する、聞かない	● 決められた方針を守らない
● マーケティング方針がよく変わる	● 旧態依然とした業界の慣行に縛られている
● 宣伝が先行し納品が遅れ顧客からのクレームにつながる	● 要求ばかりであまり工夫や努力をしない
● プロモーションに見合った活動費が割り当てられない	● 経費を有効に使用せず無駄な使い方をしている
● 達成不可能なマーケティングプラン（販売プラン）が作られる	● 取引先にメリハリを付けていない
● （特定の）顧客の重要性がよくわかっていない	● 戦略的な優先順位を無視して、目先の顧客の欲求に対応しすぎ

営業部門とマーケティング部門の関係

　多くの企業では、営業部門とマーケティング部門の業務は密接に関連しています。両部門とも売上の確保という共通の活動目的を持っているからです。この共通目的に対して、営業部門とマーケティング部門では、業務を分担することによって取り組んでいます。図15は、こうした業務分担の内容を表しています。業務内容は、営業部門とマーケティング部門のアプローチの違いを反映しています。前節で見た両部門がうまくいかない理由は、両部門のアプローチの違いによって生じていると考えられます。

　マーケティング部門のアプローチは**売上の拡大**を目指していると言えます。各種マーケティング活動によって、市場の拡大を目指します。宣伝広告などによってブランド力を高め、潜在的な顧客を生み出します。また、消費者・顧客の購買意欲を高め、営業部門の販売活動の支援をおこないます。こうした活動は、販売プロセス全体で見た場合、プロセスの上流にあ

たります。

　営業部門のアプローチでは、**売上の実現**を目指しています。営業部門は、顧客との商談を通じて、最終的には契約を締結することを目指します。そのために、顧客と商談したり、顧客との関係性を構築・維持したりします。その結果として、企業に売上高が計上されることになります。営業部門の活動は、販売プロセスの下流の活動であると言えます。

　両部門が協同しておこなう活動としては、顧客に対する販売促進活動があげられます。マーケティング部門において、販売促進策の内容を企画し、営業部門がその内容を実施します。そのために必要な情報発信などをおこないます。こうした共同活動をおこなうために、両部門の間で十分な情報交換をおこなうことが重要です。図中の2本の矢印はその重要性を現しています。

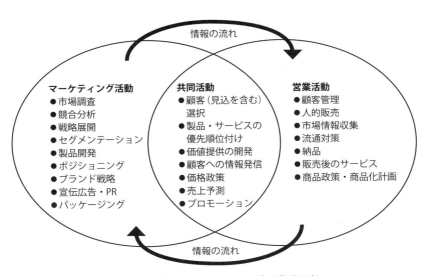

図15　営業とマーケティングの業務分担

出典：Zolteners et al.（2010）

41

営業部門とマーケティング部門の業務分担の割合

　前節でみたように、密接に業務分担をおこなっている両部門ですが、業務分担の割合は一定ではありません。割合の違いは、企業風土や業界の特性、製品特性、顧客の状況など、さまざまな要因によって影響されます。図16は、割合の違いによる4つのバリエーションが示されています。

　左上のパターンの場合は、両部門の業務がほぼ独立しておこなわれ、共同活動はほとんどありません。同じ会社というよりも、違う会社がそれぞれ業務委託をおこなっているようなものです。こうした場合には、それぞれの部門の業務効率はあがります。ただし、ひとつの会社としてのシナジーが充分に活かせていないかもしれません。

　右上のパターンの場合は、両部門の協調度合いが高くなっています。会社内での両部門の活動が調整され情報交換を活発におこなうことで、それぞれの長所を活かすことができる可能性が高いでしょう。その反面、調整の手間が掛かり、環境の変化や顧客からの要望に迅速に応えられないリスクも考えられます。

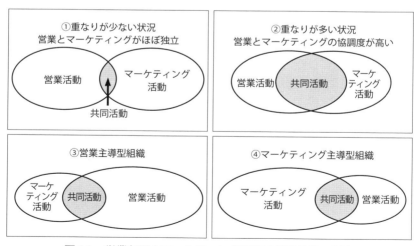

図16　営業部門とマーケティング部門の業務分担の割合

出典：Zolteners et al.（2010）

　下の段の2つのパターンでは、営業部門もしくはマーケティング部門のどちらか1つの部門が主導権を握っている場合です。一般的に言えば、BtoBビジネス（産業財）の場合には、営業主導型の組織が多いようです。営業部門が顧客との良好な関係のなかで提供するサービスが、差別化の要因を生み出しています。その場合には、マーケティング部門の役割は、営業部門の支援と位置づけられます。企業が、充分に差別化された製品やサービスを提供している場合もあります。そうした企業の多くでは、研究開発部門が優れています。それとは反対に、製品やサービスで他社との差別化が全くできていない企業が、営業力にのみ頼った事業展開をする場合もあります。

　マーケティング主導型は、一般にはBtoCビジネス（一般消費財）の場合が多いようです。宣伝広告や販売促進といったマーケティング活動による、消費者からのプル（引き）を原動力としています。この場合の営業部門に期待される役割は、マーケティング戦略にもとづく販売力の展開が主となります。IT業界では、技術力（商品力）とマーケティング力がトレードオフにある場合が多いようです。技術力がある企業は、えてしてマーケティングが下手で、市場において成功できないというパラドックスがよく起こりました。逆に、技術力に劣っているから、宣伝で売るという事業展開が成功する事例もあります。

営業部門とその他の部門の連携

　営業とマーケティングとの間の連携に関しては、**営業—マーケティング連携研究**（Sales-Marketing Interface：**SMI**）が進められています[16]。その流れ

---

[16]　たとえば次のような研究があります。① Plouffe, C. R. (2018). "Is it navigation, networking, coordination … or what? A multidisciplinary review of influences on the intraorganizational dimension of the sales role and performance." Journal of Personal Selling & Sales Management 38(2): 241-264、② Malshe, A. and J. A. Al-Khatib（2017）. "A repertoire of marketers' trust-building strategies within the sales-marketing interface." Journal of Personal Selling & Sales Management 37（3）: 213-227.

の中で、営業とマーケティングが協力することで、会社が一丸となって顧客価値の創造につながるとするフレームワーク（概念）が提案されています[17]。その中では、マーケティング以外にも、人事部や生産部門、法務部門、財務部門などとの連携が推奨されています。

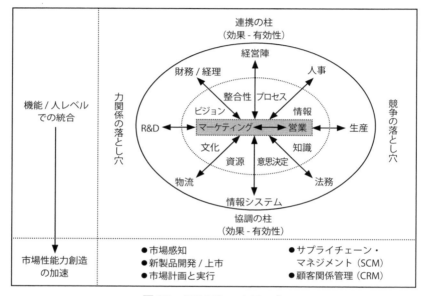

図17　SMIフレームワーク

出典：Hughes et al.（2012）

　志向性の違い（顧客志向 vs 競合志向）と営業とマーケティングの統合度合いの組合わせが反対向きに作用すること、また、両者の統合度合いが業績に反比例している（統合が進んでいるほど業績がいい）という結果も報告されています[18]。

　営業員の社内ネットワークについての分析をおこなった研究もあります[19]。その結果、人間関係の量（リンク数）と強さによって、営業員の業

---

*17　Hughes et al.（2012）
*18　Sleep et al.（2018）
*19　Claro and Ramos（2018）

績に差が出ることが明らかにされています。簡単にまとめると、マーケティング部門との間では、リンクの数が少なくて強い関係のネットワークを構築している方が、営業員の業績を上げることがわかりました。その反面、お客様相談部との間では、リンクの数が多く弱い関係のネットワークが、営業員の業績には有効であることを示しています。研究者はこの結果を、以下のように解釈しています。

　マーケティング部門との間では、リンクの数が多いとコミュニケーションのための手間暇がかかるために好ましくない、というのが大きな理由です。逆に、強い関係は、顧客へのソリューションの内容を考案する時に役に立つからです。

　一方、お客様相談部との間では、顧客への迅速な対応のためには、より多くのリンクを持っていた方が有利です。ただし、営業員は常に新規顧客開拓が優先されるのに対し、お客様相談部の関心は顧客が既購入自社製品を長く使うことにあって、利害が対立しています。したがって、弱い関係の方が利害の対立が表面化しないため好ましいと結論づけています。

第Ⅱ部

営業を組織する

第Ⅱ部では、営業部門を組織化し、営業力を管理するための内容を学びます。基本的には、営業部門の組織と社内の他部門の組織のあり方は大きく変わりません。ちがうところはそこに、営業という業務の特殊性からくる、独自のアレンジが加わる点です。

第4章では、営業組織のデザインについて学びます。基本的な組織形態や営業部門特有の組織形態について押さえておきましょう。

第5章では、営業員の採用について学びます。採用活動の際には、一般社員の採用とは異なる独自の視点が必要です。またその際の留意点についても学習します。

第6章では、営業員に求められる研修について学びます。採用・配属された営業員に対しては、研修を通じてスキルアップを図ります。

第7章では、さまざまなリーダーシップ理論を学びます。リーダーシップについて理解し、営業管理におけるリーダーシップの重要性に対する認識を深めましょう。

営業組織のデザイン

　組織は、複数の人々が人間社会の中で共通の目的を達成するために、存在しています。多くの人が円滑に働けるようにするためには、役割分担や一定の規則が必要です。会社は、ビジネス活動を展開する上で作り出される組織の１つです。会社の中にはさまざまな部署があります。営業部門はそのうちの１つです。

　経営学における組織論では、組織構造に着目するマクロ組織論と、個人の動機付けに焦点を当てるミクロ組織論があります。本章では、組織構造を扱うマクロ組織論の視点から、営業組織のデザイン（設計）について学びましょう。

▶ 組織構造について

　本節では、**組織構造**について学びます。基本的には、会社の中の組織は同じように構成されています。ただし、営業部門に特有のタイプもあります。最初に一般的な組織構造について学んだあと、営業部門特有の形態について学びます。

　組織構造というと難しそうに聞こえますが、簡単に言えばグループ分けということです。組織は複数の人間からできています。その全員が１つのグループで仕事をすることは、非現実的です。そこで、業務の効率が上がるように、適当な人数に分けてグループをつくり業務を分担します。

　会社に就職する時は、すでにでき上がっている組織に配属される形になります。したがって、組織と聞くとしっかりした形がすっかりでき上がっているようなイメージを持つかもしれません。しかしながら、会社の組織は状況に応じて随時変動します。したがって、さまざまな組織構造とその特徴を理解しておくことは重要です。組織構造について学ぶ前に、次節で

組織運営の基本的概念について押さえておきましょう。

組織の運営

　この節では、組織を運営する際に知っておくべき基本的な事柄について説明します。最初は、組織における権力の源である**責任権限**のありかたについてです。

■ 集権化 vs 分権化

　業務における責任権限については、大きく相反する2つの考え方があります。それは**集権化**と**分権化**です。

　集権化とは、業務上の権限をできるだけ少数の人（通常は組織のトップ）に集中させることによって業務効率を上げようという考え方です。企業の規模が大きくなると、集権化はうまく機能しません。一人のトップがすべてに対して業務上の指示を出すことは、不可能です。また、社員がトップに依存して自発的に業務を遂行できなくなったり、社員のやる気を削いでしまうかもしれません。

　分権化では、できるだけ権限を現場の裁量に任せよう（**権限委譲**）と考えます。分権化した組織では、小回りのきく意思決定ができる可能性が高まります。しかし、現場の狭い視野で物事を判断してしまい、全社的な視点から見ることができなくなる恐れもあります。また、部門毎の利害の対立が生じたときには、その調整に手間取ってしまうというデメリットもあります。集権化と分権化は、それぞれの状況に応じて、バランス良く考える必要があると言えるでしょう。

■ 組織運営の基本概念

　組織の運営にあたっては、組織がまとまりを持つように**標準化、公式化、監督範囲**（スパン・オブ・コントロール）などの事柄に留意する必要があります。

標準化とは、組織全体の能率をあげるために、仕事のやり方を一定に保っていこうという考え方です。

公式化とは、組織内での規則や手続きなどを書類などによって、社内に周知するものです。

監督範囲（スパン・オブ・コントロール）とは、一人の管理職（マネジャー）が、何人くらいの部下を管理できるか、何人くらいの部下を配しておくのが適正化ということを考えることです。

組織の基本形

この節では、組織構造の基本形について解説します（図18）。

①ライン組織

ライン組織とは、指揮命令系統が組織のトップ（社長）から末端の社員（いわゆる平社員）に到るまで、一本の線（ライン）で結ばれているような組織です。ライン組織はもっとも単純で原始的な形態です。生物にたとえると、アメーバのようなものです。

ライン組織の特徴は、なんといっても形態が単純であることです。その結果、業務上の指揮命令が正しく伝わる、という長所があります。また、組織としての秩序や規律が保たれやすい、ということも大きな長所であると言えるでしょう。

その反面、メンバーの数（社員数）が増えてくると、トップに業務が集中しすぎてしまう点や、他の部門との水平的なコミュニケーションが取りにくい点が、欠点としてあげられます。

②職能別組織

次の基本形は、職能別組織と呼ばれるものです。職能とは、それぞれの業務内容について要求される専門的な知識やスキルのことです。職能の分類は、具体的には、営業・販売、企画、製造、研究などです。経営学のそれぞれの科目（領域）が、それぞれの職能をカバーしていると言ってもいいでしょう。

　職能別組織の長所は、指示や業務命令が専門的なレベルでおこなえる点や、権限がトップ一人に集中しないので、管理者の業務負担が軽減される点などです。その反面、専門性を重視しすぎると視野が狭くなってしまいます。その結果、全社的な視野に立った意思決定がおこなわれなかったり、業務命令が矛盾したり重複したりしてしまうという欠点があります。

③ライン・アンド・スタッフ組織

　ライン・アンド・スタッフ組織は、ライン組織と職能別組織のそれぞれの良いところを取り入れて欠点を克服しようと工夫されたものです。**ライン**とは、明確な指揮命令系統に従ったものであることは先に見たとおりです。会社での一般的な業務を実際におこなう部署だと考えるとわかりやすいでしょう。

　それに対して**スタッフ**とは、いわゆる企業参謀のような役割で企業のトップもしくは管理者に助言を与えながら補佐をします。ただし、スタッフは実際の業務上では、指揮命令権を持っていません。業務上の指揮命令権はあくまでも、トップもしくはラインの管理者が持っています。その結果、指揮命令系統に混乱を起こさないようにしながら、その一方で業務に専門的なスキルを取り入れることができるようになっています。

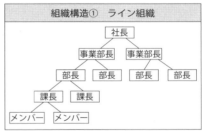

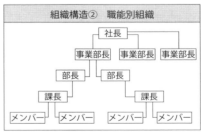

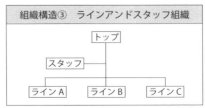

図18　組織の基本形

▶組織形態

前の節でみた 3 つの基本形をもとにして、実際の企業ではさまざまな組織形態を取り入れています。代表的な組織形態は、

①職能部門制組織

②事業部制組織

③マトリックス組織

④チーム制組織

⑤カンパニー制組織

⑥ネットワーク組織

などが上げられます。表 10 に①～⑥の組織形態の特徴をまとめています。図 19 は③～⑥それぞれの組織形態を示しています。

表 10　さまざまな組織形態と特徴

組織形態	特　　徴
① 職能部門制組織	担当する職能ごとに部署を分ける（例：人事部、経理部）。職務の専門性追求や業務の効率化が可能になる。
② 事業部制組織	製品・エリアごとに事業部としてまとめる。独立採算制による責任所在の明確化。セクショナリズムの弊害が出る場合がある。
③ マトリックス組織	大規模な組織。職能制と事業部制の長所を取り入れたもの。調整コスト増大の傾向がある。
④ チーム制組織	プロジェクト・チームやタスク・フォースを結成する。特定の目的に特化して小回りがきく。
⑤ カンパニー制組織	事業部制組織の発展形態。カンパニーの独立性が強い。全社的なまとまりに欠ける点がある。
⑥ ネットワーク組織	情報技術ツールを活用した組織形態。情報共有や業務効率の点で優れている。
その他	持株会社、プロジェクト・マネージャー制、ブランド・マネジャー制、戦略的事業単位（SBU）など

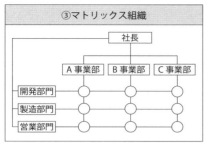

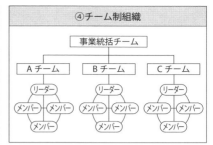

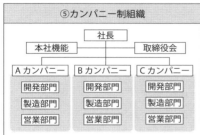

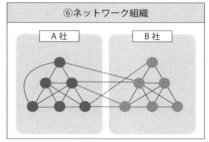

図19 さまざまな組織形態と特徴

営業部門の組織形態

　では次に、営業部門に適応した組織形態について説明します。それら
は、①エリア別組織、②製品別組織、③顧客別組織、の3つの形態です。

①エリア別組織

　エリア別組織は、営業部門にとっては最もなじみがある組織形態でしょ
う。この組織形態の特徴は、実際の地理的分布状況に応じて、営業組織を
グループ分けします。全国規模で事業を展開している会社の場合、都道府
県別に支社や支店を置いている場合が多いでしょう。

　営業員は、担当エリア内の潜在顧客を含むすべての顧客に対して、自社
のすべての製品・サービスの販売を受け持ちます。担当エリアのことを**テ
リトリー**（領域）と呼ぶ場合もあります。テリトリーに割り当てられる営
業員の数が一人の場合は、**シングル・テリトリー制**といいます。営業員の
数が複数の場合は、**複数テリトリー制**といいます。一般的に、テリトリー

毎に、テリトリーの営業活動を管轄する管理者（マネジャー）が置かれます。

　エリア別組織のメリットは、市場全体を広くカバーできることです。販売力全体の管理面からも有利であるとされています。現場の競合他社との競争に対して、柔軟に対応することができます。また、顧客への対応も迅速におこなうことができます。逆にデメリットは、特定のセグメント（市場）に特化していないため充分な差別化を図れない、という点があげられます。

②製品別組織

　製品別組織も、営業部門向けには上述のエリア別組織の次によく見られる組織形態です。エリア別組織と比べると比較的新しく取り入れられるようになりました。営業員は製品・サービスごとに業務担当を分担します。その場合、全国的な展開が必要となります。

　製品別組織形態は、次のような状況のときに特に多く採用されます。

　ア．製品の数が非常に多い場合。特に、電機製品業界など。

　イ．製品が非常に異なっている。製品やサービス同士の間に関連性があまりない場合。

　製品別組織の変形として、製品毎にプロダクト・マネージャーを置きサポート専門スタッフを共有する方法もあります。

　この組織形態の欠点は、同じ顧客先に自社の違う営業員が訪問する場合があることです。顧客側からすれば、対応に余計な手間がかかります。業務効率化のために、窓口を一本化してもらいたいところでしょう。

③市場特化型組織

　市場特化型組織では、さまざまな切り口で営業グループを分類します。顧客ごとにグループ分けをしたり、業界ごとに分けたり、特定の流通チャネルごとに分けたりします。営業員の特性を生かし専門化を図り、競合他社に対する差別化につなげます。

　近年では、製品別組織に変わって市場特化型組織が増えてきています。それは、自社の提供する製品を分類の軸とするのではなく、顧客や業界（のニーズ）を分類の軸とするからです。この背景には、顧客志向の高まり

があります。

　この節では、営業部門によく取り入れられる組織形態について説明しました。実際の企業では、1つの組織形態を採用するのではなく、一部分を変更したり複数の組織形態を組合わせたりして、営業力を強化する工夫をしています。

◤購買センター

　BtoB（BtoG）取引の際に、購買（顧客）側で製品・サービスの購買活動を効率的に実践する方法として、**購買センター**（Purchase Centey/Buying Center）を設置する場合があります。

　法人営業（BtoB）における購買活動は、消費者相手（BtoC）の場合の購買活動とは異なります。BtoBでは、BtoCの場合には起こり得る、感情的な意思決定によって購買行動が決まることはほとんどありません。また、価格が安いという単純な理由だけでは、購買を決定する要因とならない場合もあります。BtoB購買では、サプライヤーや納入業者との長期的な関係や、品質と価格のバランス、配送日時の確からしさなど、さまざまな要因を勘案して、最終的な購買の意思決定をおこないます。そこで、こういったBtoB取引の際に出てきたのが、購買センターという概念です。

　購買センターの基本的概念は、当該製品やサービスの利用に関係するすべての人が、購買に際しての意思決定に参画するというものです。関係する人は、製造、エンジニア、開発、購買など、社内のさまざまな部門から参加しています。参加者は、それぞれの職務内容から購買の意思決定に関して意見を言います。意見とは、製品のスペックであったり、購買プロセスであったりです。また、外部との情報のやりとりをコントロールする機能を提供する場合もあります。購買に関わる人は以下の5種類があります。

①バイヤー（購買部門）

　購買行動に関する正式な社内手続きをおこなう人。

②インフルエンサー（社内有識者）

専門的知識に基づく助言をおこない、購買対象財や購入先の選別に影響を与える人。

③決定者

正式な権限の有無に関わらず、購買に関する実質的な決定をおこなう人。販売する側にとっては、組織によって誰がこの機能を果たしているかを見極めることが重要になってくる。

④ユーザー

購入した財を現場で実際に使用する人。購入したものによって社内のさまざまな部門（製造部門や事務部門など）が該当する。

⑤ゲートキーパー

購買に関して外部とのやりとりをおこなう。社内の情報を管理する要であると言える。購買担当者や受付、秘書などが相当する。

図20は、購買センターで購買意思決定をおこなう際、多くの企業が参考として利用しているフレームワークです[20]。それぞれの象限についての説明は下記の通りです。

①非重要製品は、供給リスクが低く、利益への影響が少ないという特徴がある。

②ボトルネック製品は、企業の財務への影響は比較的小さいが、供給リスクが高いという特徴がある。

③戦略的製品は、購買企業の収益性への影響が大きく、供給リスクが高い。

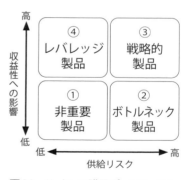

図20 Kraljicの購買ポートフォリオ・マトリクス

出典：Paesbrugghe et al.（2020）

---

*20　オリジナルはKraljic（1983）が、利益レベルとサプライリスクの2軸によって4象限に分類したものです。この図はPaesbruggheら（2020）がそれをマトリクスにして示したものです。

④**レバレッジ製品**は、利益への影響は大きいが、供給リスクは小さい。

チーム営業・販売センター

　購買側（顧客側）の購買センターの取り組みに対応するためには、個人の営業員が対応するだけでは不十分な場合があります。そこで、**チーム営業**（Team Selling）というスタイルを導入することになります。チーム営業のメンバーは、営業部員だけではなく、研究開発部門や生産管理部門の社員が参加することもあります。また、チーム営業が発展して**販売センター**（Selling Center）という概念も考案されています。

　販売センターは、販売側と購買側の間の双方向交換の視点にたった相互依存関係であると言えます。双方向交換の視点では、会社としての組織的な販売戦略は、顧客の要求に合わせて販売センターの機能を調整することになります[21]。

　このように、BtoB ビジネスでは、購買センターや販売センターへの取り組みが広がっています。それによって、売手側、買手側双方で、それぞれがより良い意思決定に繋がるように努力しています。こうした努力は、売手・買手双方にとって互恵的な関係を構築することにつながります。

営業組織に関するその他の事項

■ 戦略的顧客管理

　営業組織を考える際の別の切り口をいくつか見ていきます。まず、**戦略的顧客管理**（Strategic Account Management：**SAM**）という考え方です。その中では、通常の営業部門とは別に、自社にとって重要な顧客を担当する専門の部署を作ります。戦略的顧客としては、大口顧客である**主要顧客**（Key Account Management：**KAM**）や**海外顧客**（Global Account Management：**GAM**）を

---

[21]　Hutt et al.（1985）

意味して使う場合もあります。

　特別な顧客を考える際の切り口は、以下2つの軸で整理されます（図21）。

　①購買量が飛び抜けて大きい

　②取引内容が複雑である

　この分類によると、購買量（金額）が大きく、取引内容が複雑な顧客をSAMとして分類します。SAMに対しては、特別な注意を払って営業活動を展開するように、専任部署を置いて営業活動を担当します。

図21　顧客分類
出典：Ingram et al.（2020）

■ 海外展開

　自社のビジネスを国内だけではなく、海外でも展開する場合には、**グローバル顧客管理（GAM）**の考え方が重要になります。顧客が海外にいる場合は、自社の販売力を海外に展開するのか、海外の地元の組織や代理店を活用するのか、といった点について、検討する必要があります。

　こうしたGAMを実践する際には、①通常の営業部門と切り分ける、②社内の重役が管掌する、といった取り組みが必要になります。

■ Eコマース対応

　多くの企業では、電子商取引、オンライン受発注を実践しています。以前はEDI（Electronic Data Interchange、電子データ交換）と呼ばれるオンライン取引が取り入れられました。インターネットの普及とともに、電子商取引（エレクトロニック・コマース）に発展しています。また、インターネット上でWEBを用いて直販をおこなうことも増えています。従来のチャネルや販売網によらないEコマース対応には、専門部署の設置が効果的です。

▶ 外部の組織力を活用する

　営業組織を考える場合、自社だけでおこなうのではなく、社外の組織を活用することも、選択肢の1つとして増えてきています。

■ 営業（販売）代行・業務委託・エージェント

　営業活動の一部を社外に委託する場合もあります。一般消費財の場合などは、チャネルとして、卸・小売りといった媒介業者を利用することが一般的です。法人営業（BtoB）では、基本的には直販が中心ですが、外部に委託する場合もあります。そうした場合には、営業（販売）代行・委託というサービスを利用します。また、こうした取引の中では、バイヤーなどのように独立系の代理人（エージェント）も存在しています。

■ 外部組織の活用

　以前から、営業活動の一部（または全部）を、外部の専門の業者に委託することはありました。今後、こうした外部委託のケースは増えていくでしょう。この背景には、近年の労働慣行の変化があります。ジョブ型や働き方改革によって、ビジネス環境が大きく変化しています。また、2020年からのコロナ禍の影響でリモートワークやギグワークといった新しい形態の働き方も増えてきています。こうした変化を受けて、従来の組織形態とは異なった勤務形態や組織形態が出てくることが予想されます。

▶ 営業組織の大きさの決め方

■ 生産性の確保

　企業では、その部署の適正サイズを求めて、必要な人員を配置しなければいけません。営業員の場合も同様です。配置されている人員が必要な人員より多ければ、業務の非効率が生じてしまいます。配置されている人員が必要な人員より少なければ、過大な業務負担が生じてしまいます。どち

らの場合も、会社（組織）全体で見たときに、最適なパフォーマンスを発揮することができなくなります。多くの企業における営業部門の人員の決め方には、改善の余地がある場合が多いとされています。

　ここでのポイントとなる考え方は、営業部門の**生産性**を高めることです。生産性は、最終的には、その会社（組織）全体のパフォーマンスに影響をおよぼすことから、非常に重要な経営上の課題・指標となります。生産性については、以下の公式で測定します。

生産性＝アウトプット／インプット

■ 営業組織のサイズの決め方
　営業組織の決め方には以下のような方法があります。
　①必要売上げから求める
　②必要な業務量から求める
　③増分から求める
　①は、営業部門に必要とされる売上高（予算）と、平均的な営業員一人あたりの売上高から求めることができます。また、テリトリー内で担当する顧客の数から求める場合もあります。その場合は、必要とされる顧客数と、営業員一人が担当できる顧客数から算出します。
　②のように、業務量から算出することもできます。たとえば、顧客先に訪問する必要回数が年間 1000 回であるとします。また、一人の営業員が年間に顧客を 100 回訪問できるとします。この場合は、必要な営業員の数は 10 名となります。
　あるいは、一人の営業員を追加した際に、期待できる売上げの増分から考える場合もあります。それが③です。基本的な一人のコストは一定とした場合に、営業員が何人いる場合、最も売上げ（もしくは収益）が高くなるかという観点から算出します。

■ 採用活動の重要性

　営業部門に適正な人員を配属するためには、採用活動を適切におこなう必要があります。日本の企業の場合は、原則的に新年度毎の一括採用がおこなわれています。その際に、営業員に必要な資質を検討し、応募者の適性を見極めた採用活動が不可欠です。

　自社内だけではリソースの確保が不十分な場合には、派遣社員の活用や先に述べた外部組織のリソースの活用も考慮する必要があります。また、転職などの中途採用も考慮に入れることが必要です。急に販売力を増強したい場合には、新入社員の研修や教育が終わるのを待つ余裕がありません。そうした場合の即戦力として、自社外のリソースの活用が必要になります。

優れた営業組織を作るには

　最後に、優れた業績を発揮できる営業組織について考えてみましょう。営業組織を設計するときに、以下のような原則を持ってあたることが望ましいとされています[22]。

■ 組織設計時の原則

- 組織構造はマーケティング戦略を反映すべきだ。
- 組織は活動に基づいて作るべきで、人に基づいて作るのではない。
- 責任と権限は適切に配分されるべきだ。
- 役員の管掌範囲が適正であること。
- 組織は安定していると同時に柔軟であること。
- すべての活動はバランスよくかつ調整されていること。

[22] Spiro et al.（2007）

第5章

営業員の採用

　この章では、営業員の採用について学びます。

　日本の多くの企業では社員を採用する場合、新卒の全社一括採用が基本です。したがって営業部門単体での採用活動は、実質的にはほとんどありませんでした。しかしながら、最近では中途採用も増えてきています。中途採用の場合には、営業部門が独自に採用活動をおこなう場合もあります。自社の営業力の質を高めるためには、しっかりとした採用方針を持っていることが重要です。

いい人材を採るメリット

　企業にとって重要な経営資源はヒト・モノ・カネ・情報といわれます。会社にとってヒト（人材）は、最も重要な経営資源です。そのことは、一番最初にヒトがあげられていることからもわかります。その重要な経営資源であるヒトを獲得するための手段が採用活動です。

　企業活動は営利の追求を目的とします。儲けをあげて、会社を存続・発展させることが、重要な経営目標です。そのためには、少しでもいい人材を確保して、高いパフォーマンスを上げることが必須です。仕事がうまく進み経営効率が上がると企業の収益性があがる、つまり儲かることにつながります。いい営業員を採用することは、自社の営業力を強化し、ライバルとの競争力を確保するためにも必須です。

　多くの日本の会社では、これまでは新卒社員の一括採用がおこなわれてきました。そこでは、全社的な要員計画にもとづいて採用活動がおこなわれます。これからは、一括採用ではなく、通年での採用も増えてくることが考えられます（69頁コラム参照）。また、全社的に一律の採用計画ではなく、営業部門に特化した採用計画や要員計画を立てることの必要性が増え

てくると考えられます。この章では、営業員を念頭においた採用活動について学びましょう。

採用プロセス

採用プロセスの基本的な流れは、次のような3つの段階を追って進められます（図22）。

図22 採用プロセス

出典：Ingram et al.（2020）

採用準備

採用準備の段階では、①業務解析、②採用計画（要員計画）、③採用基準の明確化、の3つの内容があります。

業務解析では、業務分析や必要な業務に資格を定めます。また、その結果を業務記述書としてまとめます。**採用計画**では、企業にとって必要となる要員計画に基づいて立案されます。最後に、採用プロセス全般がスムーズに進むように、**採用基準**を明確にします。

①業務解析（ジョブ・プロファイリング）

採用活動をおこなうためには、採用する営業活動の内容について明らかにしておく必要があります。そのために、業務解析と呼ばれる下記のような一連の作業をおこないます。

● 業務分析（Job Analysis）
● 業務に必要な能力・資質（Job Qualification）

● 職務（業務）記述書（Job Description）

　まず、**業務分析**をおこないます。同じ営業活動といっても、担当業務によっては必要となる資質が異なります。担当する顧客の属性によっても必要な資質は異なります。営業活動の業務分析は、実際の営業活動でおこなわれる内容をできるだけ正確に洗い出すことから始まります。その業務の中でどのような課業（タスク）が求められているかを明確にします。たとえば、業務として新規顧客開拓が求められているのか、あるいは既存顧客との関係性維持が中心となるのか、という内容です。必要とされるタスクは、のちに業績評価の指標としても用いられます。

　次に、明確にした業務内容を実践する上で**必要とされる条件**を明確にします。この条件は面接の際の採用基準としても用いられます。業務を遂行する上で必要となる、もしくは持っていることが望ましいスキルや知識などがあげられます。それ以外にも、適性や個人特性、やる気なども必要な資質になります。必要な資質は応募資格と考えてもいいでしょう。

　最後に、求人情報などに記載できるように、具体的な**職務記述書**を作成します[23]。外資系の企業の場合、仕事をする上で最低限必要なものは、職務記述書と責任権限規定であるといわれています。

　一方、日本の企業の場合、職務記述書や責任権限規定は、あまり明確ではありません。決められていたとしても、特に責任権限規定の場合、非常に曖昧な記述に留まっている場合が多いようです。それは多くの日本企業の雇用形態が、メンバーシップ型であるからです[24]。ただし近年では、ジョブ型雇用を採用する企業が増えています。ジョブ型雇用の場合には、業務記述書が必須となります。

②採用計画（要員計画）

　採用準備の次のステップでは、**採用計画**を立案します。**要員計画**ともいいます。これは、どのような資質の人を何人採用するかという計画です。

---

*23　この後の節で触れますが、作成に際しては、違法とならないように、また、著作権侵害をしないような配慮が必要です。
*24　濱口（2021）

　まず、全体の人数を決めることになります。最初に業務を遂行するために必要な営業員の数を算出します。次に定年退職や自己都合による退社・転職による人員減を考慮して、必要となる要員数をもとめます。当年度に必要とされる業務量から、逆算して必要な頭数を算出します。

　必要人員の算出は、営業部門全体として計算する場合もあります。また、必要となる営業員の資質毎に要員計画を立案する場合もあります。同じ営業活動といっても、担当業務によっては必要となる資質が異なります。担当する顧客の属性によっても必要な資質は異なります。また、グループ・ダイナミックスという観点から、要員計画を考えることも重要です。さまざまな個性の人材を確保することによって、相乗効果が期待できるからです。

③採用基準の明確化

　あらかじめ選考基準を明確化しておくことで、この後に続く選考プロセスがスムーズに進みます。また、公平な採用活動をおこなうという観点からも重要です。

　業務プロファイルにふさわしい人物像の条件を明確にします。業務プロファイルについては、前節の業務分析によってすでにわかっているものとします。また、業務を遂行するにあたって、必要となるスキルや能力を検討します。また、その他の条件、性格特性や非認知能力などについても考慮します。グループの一員になるわけですから、メンバーとしての適性があるかどうかも重要な要素です[25]。協調性がある、適応性がある、柔軟性がある、などの要素が考えられます。仕事の内容と個人の属性がマッチすることが重要です。その他、配属先の地域の特性を考慮する必要もあります。

---

[25]　これは日本企業のメンバーシップ型雇用で特に顕著です。濱口（2021）

採用候補者の確保

選考に関して、採用候補者をどのように確保するかがポイントとなります。その前に、日本の会社における一般的な採用形態についてまとめておきましょう。

■ 採用形態－新卒一括採用と中途採用

従業員を採用する場合には、**新卒一括採用**と**中途採用**があります[*26]。新卒一括採用の場合は、正社員として企業の将来を託す人材を採ることが目的です。そのため、新卒学生という未経験者のポテンシャル能力を期待しての採用となります。それに対して、中途採用は実務経験が豊富な人材の獲得が目的です。新卒学生のポテンシャル能力に対して、即戦力を期待して採用します。そのため中途採用の場合には、経験、スキル、資格の有無が求められます。

採用時期に関しても、新卒一括採用では、年度の始まりである4月に入社することが一般的です。ただし、それでは、タイムリーに欠員補充をすることができません。また、新卒採用の場合は、就職活動の期間が長く一年近くかかります。それに対して中途採用の場合には、短期間で採用することができます。こうした採用形態の違いにより、多くの企業では新卒一括採用と中途採用を併用しています。

今日の日本企業では、新卒採用と中途採用の比率は、おおむね35％と65％という割合です。大手企業ほど（従業員規模が大きいほど）新卒採用比率が高く、中途採用比率は低くなっています。従業員数が5,000人以上の企業の場合、37％が中途採用となっています。その反面、従業員が300人未満の企業の場合、中途採用者の比率は76.7％になっています（表11）。

[*26] 似たような用語に通年採用があります。これは、以前は中途採用の意味で用いられていました。最近では、新卒学生の採用形態の変化形として、新卒一括採用に対して用いられる場合が増えています。

表11　新卒・中途採用の比率

		社数	新卒採用比率 （2018年卒）	中途採用比率 （2017年度）	1社あたり 新卒採用人数 （人）	1社あたり 中途採用人数 （人）
全　体		4,055	34.7%	65.3%	0.78	1.47
規模別	5〜299人	2,084	23.3%	76.7%	0.38	1.25
	300〜999人	1,071	58.5%	41.5%	12.50	8.86
	1,000〜4,999人	710	59.6%	40.4%	35.71	24.20
	5,000人以上	190	62.6%	37.4%	127.89	76.31

出典：厚生労働省職業安定局『中途採用に係る現状等について』令和元年9月27日

■ 人材関連業者の利用

　新卒採用、中途採用、いずれの場合も、多くの企業では人材関連業者を活用しています。こうした人材関連業者は、就職ポータルサイト、転職エージェントなどとも呼ばれます。その他、人材バンク系、ヘッドハンティング系の業者も存在します。

　新卒採用の場合、企業は就職ポータルサイトを経由して新卒学生と接触することが一般的です。代表的な就職ポータルサイトには、リクナビやマイナビなどがあります。就職を希望する学生は、就職採用解禁日の日程に従って、エントリーシートと呼ばれる書類を提出し、企業との説明会や面接の日程を調整します。その後、企業が設定する採用プロセスに則って採用活動がおこなわれます。

　中途採用の場合、企業は転職エージェントを利用します。また、新卒採用の場合と同様に、就職ポータルサイトを利用することもあります。人材登録会社やヘッドハンターを通して採用候補者と接触する場合や、求人情報をメディアに掲載して、本人が直接連絡をしてくることを待つ場合などがあります。

　こうした人材関連業者の活用以外に、社内外の関係者による紹介などを通じて採用活動に繋げる場合もあります。関係者による紹介は、一般的にはコネ入社、縁故採用などといってあまり良いイメージはないかもしれ

ません。しかしながら、紹介による採用の場合には、応募者の身元保証がしっかりとされているというメリットがあります。

選考・選抜

選考・選抜の段階では、選考基準をあらかじめ決めておくことが重要です。その後で、選考方法について検討します。

選考基準

新しい営業員を採用するにあたって、選考の基準をあらかじめ決めておくことは重要です。候補者が持つ潜在能力を測定するためには、基礎学力、課外活動を通じて培ったさまざまな能力が選考の対象として使えるでしょう。大学のランクなども本人の基礎的能力を推し量る目安であると言えます。最近では学歴偏重に対する批判が高まっていますが、現実的には多くの企業で、採用の際の基準として大学のランクを用いています。

その他、個人の能力を測定するものとして、**心理学的尺度**、**性格特性**（Trait）、ＥＱなどの**非認知能力**（Non Cognitive Skill：NCS）も用いられます。その他、**通常能力**（Ability）の測定指標としては、各種資格取得の有無や、英語などの語学力も用いられます。表12は、採用時の選考基準によく用いられるものです。

表12　採用時の選考基準

項　目	内　容
認知能力	計画性、問題解決能力
身体的特徴	外見、身だしなみ
経験	販売およびその他のビジネス経験
学歴	年数、学位、専攻科目
性格的特徴	説得力、適応力
スキル	コミュニケーション、対人関係、技術、職務上のスキル
社会環境要因	興味、活動、組織への帰属意識

出典：Spiro et al.（2007）

新卒採用を巡る動き

　日本的経営特有の制度として残っているのが、新卒一括採用という制度です。この制度は、欧米のいわゆるジョブ型の雇用形態とは、異なる日本独自のメンバーシップ型雇用形態の中で育まれ、今日もなお多くの企業で残っています。

　近年では、大学生の就職活動の一環として、インターンシップ制度の導入が広がっています。また、就職活動をおこなう大学生側も、インターーシップ制度の参加する学生が増えています。さらに、そのインターンシップへの参加を単位として認定しようとする、大学側の特殊な対応も増えています。

　2018年に、経団連が「採用選考に関する指針」の廃止を発表したことにより、企業側で新卒の通年採用を導入する動きが加速するという見方が広がりました。HR総研がおこなった『2019年＆2020年新卒採用動向調査』の結果報告によると、「通年採用への移行予定」について、「すでに通年採用を実施している」企業は15％でした。「2021年卒採用から通年採用を実施予定」とした企業はわずか4％にとどまっています。また「いずれ通年採用を実施すると思う」が39％、次いで「通年採用に移行することはないと思う」は36％と、企業によって、通年採用をおこなうかどうかの判断に差があることもわかりました。

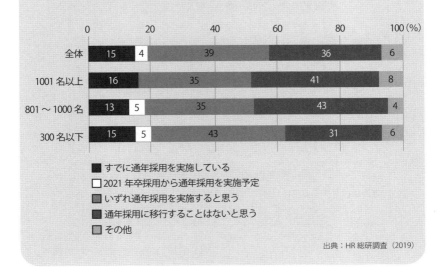

出典：HR総研調査（2019）

営業管理能力に必要とされるスキルを調べた近年の研究では、対人力、専門力、戦略力の3つの領域の合計15項目を、リストアップしています。このリストを見ると、営業管理の仕事の内容がおおよそわかります（表13）。

　採用の際には、経験の有無がよく話題になります。Bolander ら（2020）の経験の有無と営業成績の関係についての研究では、経験者はすぐに成果を出す反面、その後の成長は芳しくないことを示しています。また、営業能力は天性のものか訓練次第か、ということもよく話題になります。Novell ら（2016）の研究はこの課題を扱っており、その結果は訓練の方に分があるようです。

表13　営業管理に必要な能力ランキング（日本語化）

	必要な知識・スキル・能力[27]	順位
対人力	営業部門との信頼関係構築（能力）	1
	効果的な設計と構築チーム（スキル）	3
	言葉による効果的なフィードバック（スキル）	4
	営業の見本（能力）	5
	協力的なチーム環境を作る（能力）	7
	チームダイナミクスの管理（スキル）	8
	営業担当者の評価指標を理解している（知識）	10
	文化的な問題に対する感性（能力）	12
専門力	CRM を実施している（スキル）	11
	新しい技術の重要性を理解している（知識）	13
	セールスフォースオートメーションの実践（スキル）	14
	グローバルな営業活動を理解している（知識）	15
戦略力	会社の全体戦略を理解している（知識）	2
	企業戦略に合致した意思決（能力）	6
	業界の一般的トレンドを理解している（知識）	9

出典：Powers et al.（2014）

---

[27]　知識・スキル・能力（KSA）については第6章を参照。

■ 新しい採用動向

ここまでの選考基準は、伝統的に長く用いられてきたものであるため、有用性が高いと思われます。近年では、AIの普及により、就職・採用活動にもAIを導入する動きが出てきています（76頁コラム参照）。個人属性などのデータを大量に収集し、その人の潜在的能力を推し量ろうとします。また、2020年度のコロナ禍の影響で、**オンライン採用**という手段も注目されています（図23）。こうした新しい採用動向が広がると、それに伴って採用のための選考基準にも変化が生まれてくる可能性があります。今後は、伝統的な選考基準との併用が検討されることになるでしょう。

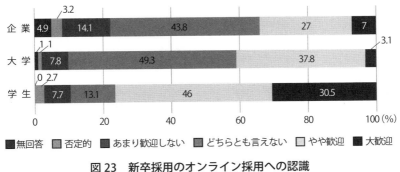

図23 新卒採用のオンライン採用への認識

出典：大学生が選ぶ就職ブランドランキング300『週刊東洋経済』2021/10/30

■ 成績の優秀な営業員の個人特性

最後に、成績の優秀な営業員に備わっている個人特性を見てみましょう。次の表（表14）は、優秀な営業員が持っていた、個人特性（Trait）の上位10項目です。こうした個人特性値が高い人材は、営業活動に適性がある可能性が高いため、採用の際の基準として参考にするといいかもしれません。

表 14　優秀な営業員に備わっている特性と関連能力

個人特性	関連する能力
感情的知性	お客様を理解し、適応する
分析的知能	問題解決
創造的知性	アイデアを売る、適応する
誠実さ	信頼を築く
社会的能力	関係を築く
リスクテイカー	革新的である
楽観主義	断られても対処する
回復力（レジリエンス）	販売を最後までやり抜く
自発性	一生懸命働く
協調性	チームで働く

出典：Spiro et al.（2007）

選考の方法

　選考は、さまざまな方法でおこないます。一般的に用いられている方法について、説明します。

■ テスト

　いわゆる筆記テストです。一般的には、スクリーニング、足切りの目的で実施する場合が多いです。提出書類（履歴書やエントリー・シートなど）による選考と併せて実施されます。日本では、ＳＰＩの得点もよく用いられています。

■ 適性テスト

　適性テストもよく用いられます。代表的な適性テストには以下のものがあります。

①精神的知性テスト（mental intelligence test）：応募者の知性（知能指数）や学習能力を測定することを目的としたテスト。

②適性テスト（aptitude test）：応募者の職業に対する適性を測定することを目的としたテスト。

③職業興味テスト（interest test）：業務特性と職業に対する興味を測定することを目的としている。有名なものに、The Strong-Campbell Interest Inventory や The Kuder Occupational Interest Survey などがある。

④性格テスト（personality test）：応募者の性格特性を測定することが目的のテスト。

■ 面接

　面接、もしくはインタビューと呼ばれる方法は、最も代表的な選考方法と言えるでしょう。インタビューの種類には、**定型的**と**非定型的**があります。**定型的面接**では、全候補者に対して一定の決まった質問をします。同じ質問なので、候補者間の善し悪しの比較がおこないやすいメリットがあります。**非定型的面接**では、一定の決まった質問ではなく、以下のようなさまざまな聞き方をします。

①状況設定型：特定の状況を設定して、そこでの対処を聞く。

②行動型：状況に際しての行動や自分の体験談を聞く。

③パフォーマンス型：模擬販売などの実演をさせる。

④切迫面接：応募者に対して面接官が意図的にプレッシャーを与える。

⑤能力に関する質問（Competency-Based Questions）：過去の職務経験と関連させて、応募した業務に必要とされる能力があるかどうかを訊ねる。

⑥自由回答質問（Open-Ended Questions）：候補者に自由に話す機会を与える。面接官はあまり発言をせずに候補者に自由に話させる。この背景には、自由に話すと本人の重要な資質が明らかになるという学説がある。

⑦閉じた質問（Close-Ended Questions）：「はい」「いいえ」で答えられる質問。

⑧仮定型質問（Hypothetical Questions）：業務に関連した状況設定の中で、候補者がどう対応するかを訊ねる。

⑨追求型質問（Probing Questions）：追いかけ質問、深掘り、重ね問い。例：「なぜ？」「どうやって？」

その他、突拍子もない内容の質問をするフェルミ推定などもあります。グーグル社の面接で用いられることで有名になりました[*28]。

なお、面接の際には聞いてはいけない質問があるので、注意が必要です。特に最近では、ハラスメント関連に抵触する行為に関しては、世間的な目が厳しくなっているので要注意です。

◤ 営業員インテリジェンス

人間のインテリジェンス（知性）を説明する理論に、**スターンバーグの知性三位一体理論**（Sternberg's Triarchic Theory of Intelligence）があります。この理論でスタンバーグは、人間の知性が、①**分析的インテリジェンス**、②**創造的インテリジェンス**、③**実践的インテリジェンス**の３つの下位システムから構成されていると主張しました[*29]。

１つ目の**分析的インテリジェンス**は、抽象的・論理的思考能力です。さらに、言語スキルと数学スキルも関連しています。２つ目の**創造的インテリジェンス**は、多様な思考によって新しいアイデアを生み出すことです。その結果、新しい状況に対処する能力が発揮できるとされています。３つ目の**実践的インテリジェンス**は、現実世界に知識を適用する能力です。自分のまわりの環境に適合する能力や、環境を選択する能力、環境そのもの

---

*28　フェルミ推定は、地頭力を図ることができるとされましたが、その真偽は不明です。ちなみに、グーグル社はその後この種の面接をやめているそうです。

*29　人間のインテリジェンス理論を提唱した Sternberg は、"Practical Intelligence in Everyday Life" の中で、良い営業員に求められる暗黙知（Tacit Knowledge Inventory for Sales）を尋ねる質問票を提示しています。この質問票は全体で８つのカテゴリーで全 77 問から構成されています。この質問票を用いて、48 名の社会人（職務歴平均 11 年）と 50 人の学生のスコアを比較しています。結果は、当然のことながら社会人の方が高得点になっています。

を変容する能力もこの中に含まれます。実践的インテリジェンスは、**ストリート・スマート**（Street Smarts）ともいわれています。日本語にすると、「世渡り上手」とでも言えるでしょう。そこには、学校では学べないスキルというニュアンスが含まれています。

■ 営業員インテリジェンスと楽観的な営業員

それでは、営業員にとって必要とされるインテリジェンスはどのようなものでしょうか？　Sujan（1999）は研究結果をふまえて、下記のような主張をしています[*30]。スタンバーグの知性三位一体理論を営業員についてあてはめて考えると、営業員にもっとも関連があるのは、③の実践的インテリジェンスであるとされています。つまり、営業員は世渡り上手であることが最も重要であるというわけです。

実践的インテリジェンスを詳細に見ると、①環境への適合、②環境の選択、③環境の変容、の３つの要素があります。営業活動の状況に当てはめると、この３つの要素のメカニズムは次のように説明されます。

①環境への適合については、顧客、上司、社内関連部署の言語的および非言語的行動・動機・感情を正しく読み取ることが重要である。
②環境の選択に対しては、会社／仕事、エリア、顧客の選択の際の視野の広さ／狭さが影響する。
③環境の変容の際には、顧客、上司、社内関連部署に対して、変化を受け入れる柔軟性と利他的行為などの社会的態度が決め手となる。

これら３つの要素のメカニズムに影響を及ぼす最も重要な要因として、楽観的な考え方が重要であるとされています。したがって営業員のチームは、楽観的な営業員中心で構成すべきであり、営業員を採用する際には、楽観性尺度を用いたり、エントリーシートに記載されている用語を分析し

[*30] Sujan（1999）

たりして、楽観的な人を採用することが推奨されています。これは昨今の
AI を用いた採用活動の兆しにつながる主張です（コラム参照）。その他、営
業マネジャーのリーダーシップや、他の楽観的な営業メンバーとの接触・
交流を通じて、部署内での楽観主義を広めていくべきである、とも強調し
ています。

　人間は幼少期に楽観的な考え方を植え付けられると、成人してから落ち
込みや無力感に対する免疫ができるといわれています。その反面、キャリ
アの初期に悲観主義にさらされると、精神的に脆くなりやすいとされてい
ます。そもそも、営業員の仕事は顧客からの拒絶の連続です。営業員に配
属されたばかりの新入社員やスタッフは、そのような厳しい環境にさらさ
れるため、悲観主義に陥りやすいと言えるでしょう。営業マネジャーはこ
ういった点にも留意が必要でしょう。

AI 時代の採用の課題

　2019 年 8 月に、株式会社リクルートキャリアが、同社が運営するリクナ
ビ（就職支援ポータルサイト）の登録個人情報を不正使用していた問題が発覚
しました。不正の内容は、リクナビに登録している学生の内定辞退情報を、
AI を使って分析し、その分析結果（内定辞退確率）を企業に販売していたとい
うものです。

　これを受けて厚生労働省は、本事件が個人情報保護を義務づけている職業
安定法違反であると判断し、職業安定法に基づいて同社に対して是正を求め
る行政指導をおこないました。また、個人情報保護委員会が、同社と契約し
情報の提供を受けていた企業 37 社に対して、行政指導をおこない社名を公
表しました。その中には、トヨタ自動車、京セラ、三菱商事などの有力企業
が含まれていました。

　この事件は、それまでの採用活動への AI 導入というブームに冷や水を浴
びせかけ、AI 採用への熱が一気にしぼむ結果となりました。

規制と法律

近年は社会全般に、多様性、ダイバーシティ、インクルージョンといった意識が高くなっています。これは日本のみならず、全世界的な潮流です。従来であれば問題にならなかったような行為が、大問題に発展する危険性があるので注意が必要です。また、SNSなどの普及により、問題行為や発言が世間に広まってしまう危険性も大きくなっています。

採用活動をおこなう上で、法律に関連していくつかの注意事項があります。それらの関連する法律とは、日本の場合は、職業安定法、男女雇用機会均等法、労働組合法などがあります。採用に際しては、これらの法律に抵触しないような配慮が必要です。

■ 職業安定法

職業安定法上、求職者に応募用紙・面接などで聞いてはいけない項目の主なものは以下のような内容です。

- 本人に責任のない事項の把握（本籍、出身地、家族、住宅状況など）
- 本来自由であるべき事項の把握（宗教、支持政党、人生観、生活信条など）
- 採用選考の方法（身元調査、合理的・客観的に必要性が認められない健康診断の実施）
- 「尊敬する人物」などを聞くこと

■ 男女雇用機会均等法

男女雇用機会均等法上、求職者に対する採用試験・面接時において取り扱いに注意すべき内容には、以下のような内容があります。

- エントリーシート、筆記試験の受付を男女のいずれかに限定しないこと
- 男女の別で面接の回数を変更しないこと
- 女性に適用しない適性検査を男性に実施する

その他、労働組合法により、労働組合活動に関する条件を、面接・採用時に使ってはいけないことになっています。

採用後の定着

　一旦採用した営業員が、すぐにやめてしまっては元も子もありません。また、採用活動には担当する人事部員の人件費や手間・時間がかかっているため、発生したコストに対する費用対効果という面から見ても問題があります。そのために、多くの企業では入社・採用時の説明会や研修を実施します。こうした対策を取ることによって、採用した社員が自社に定着（同化・馴化などといいます）することを促します。営業研究でも、転職と離職の要因についての研究がおこなわれています。重大事象としてのショックに注目し、転職と離職の関係を分析するモデルを提案した研究などがあります[31]。

営業員定着のための取り組み事例

　第一生命ホールディングス（HD）は稲垣精二社長による産経新聞のインタビューで、顧客向けのサービス向上に向けた営業職員の定着を促す制度を導入したことを明らかにしました。基本的な方針としては、①採用人数の数値目標を撤廃、②営業職員として適性がある人材を厳選して採用、③処遇に関する制度の見直し、です。こうした施策を通じて、保険業界共通の課題である営業職員の大量離職を防ぎ、顧客との関係を強化することを目指しています。

　具体的には、毎月おこなっていた採用活動を3か月に一度に減らし、人数確保のための無理な採用をやめる、給与体系を見直し、令和4年度以降、新人層は営業成績による変動部分を減らす、などとしています。こうした施策により、同社では、従来は入社から3年目終了時に約半分が退職していた状況の改善を目指しています。

（『第一生命HD、営業職員の定着へ新制度』産経新聞（Web版）2021/5/11）

---

[31]　Boles et al.（2012）

第6章

営業員の研修

　企業が研修をおこなう目的は、一人ひとりの従業員のスキルを上げることです。その結果として、企業のパフォーマンスを高めることができます。企業レベルで高いパフォーマンスをあげることは、最終的には高い収益を獲得することに繋がります。企業にとって研修制度は非常に重要です。

研修の意義と目的

■ 研修の意義

　研修をおこなうことは、業務のパフォーマンスに好影響をおよぼします。これまでの営業研究があきらかにしたところによると、営業研修をおこなうことによって、業績が向上する、顧客と関係が良くなる、組織に対する関与度が上がる、離職率が下がる、などの効果が認められています[32]。

■ 研修の目的

　研修をおこなうおもな目的には、以下のようなものがあります。

①（営業力の）各種スキルアップ

②生産性の向上

③自己管理能力の向上

④チームワーク、協働の促進、意志疎通の改善

⑤顧客との良好な関係の構築と維持

⑥モラールの向上

⑦離職率を低減する

---

[32]　Farrell and Hakstian（2001）

最初に、研修の最も重要な目的として、営業員に対するさまざまなスキルアップがあります。研修を通じて、業務に必要とされる新しいスキルや足りないスキルを補い、**営業力**（セールスフォース）の底上げを図ります。研修の成果は、営業員個人だけではなく、営業組織全体に影響します。

　スキルアップがおこなわれると、業務効率が上がります。これは営業員の**生産性の向上**につながります。しかも、営業員個人だけではなく営業組織全体の生産性向上につながります。また、業務に直接関連するスキル以外に、**自己管理能力**などの全般的な仕事遂行能力を身につけることにもつながります。

　こうしたことによって組織の一員としての自覚に目覚めれば、チームワークや協働の重要性を認識できるようになります。その結果、**意志疎通**がスムーズに図られるようになるでしょう。それは、社内だけではなく社外の顧客に対しても同様です。

　自分が成長していることが実感でき、会社生活が充実していると感じるようになると、**モラールの向上**につながります。モラールが向上した営業員は、会社に対する愛着がわき、営業力の向上が期待できます。

　このように、研修の効果は多岐にわたります。こうしたところから、研修は企業にとっては必要不可欠な投資であるとする見方もあります[33]。

▶ 研修計画の作成プロセス

　研修を実施する際の研修計画は、Ⅰ 準備段階、Ⅱ 設計段階、Ⅲ 実施後段階の３つの段階があります。準備段階では、①ニーズ査定、②目標設定、③代替案の検討、をおこないます。設計段階では、④研修プログラム内容の設計をおこないます。⑤研修の実施を経て、実施後の評価段階では、⑥フォローアップと事後評価、をおこないます。

---

*33　Ingram et al.（2020）

◤ 準備段階（プロセスⅠ）

①研修ニーズの査定

　研修を実施する際に、中身を設計する前にいくつかの項目について明らかにする必要があります。この段階を事前調査（Assessment）と呼びます。事前調査では、おもに、以下の項目についてあらかじめ想定し事前に調査をします。

　最初に研修全体の目的を明らかにします。会社としての研修目的をできるだけ明確に定めておくことが重要です。次に、研修に対するニーズを明確にします。会社や営業部が置かれている現状や営業員の状況から、会社レベルおよび営業員個人レベルで、どのような研修ニーズがあるかを洗い出します。

日本企業の研修への取り組みと生産性

　これは営業員だけの話ではありませんが、海外の諸国と比較すると、日本企業が研修にかける費用は、諸外国の企業に比較すると少なめです。また、人件費に対する研修費の割合も、年々低下する傾向にあることが指摘されています。その背景には、非正規雇用の増加や、景気状況の悪化、省力化投資（AIやロボットの導入）を優先したという事情があります[34]。研修にかける費用は、生産性の向上となって、最終的には企業の業績に反映されます。その結果、生産性については、日本は主要経済国の中で第21位とかなり低くなっています[35]。

　日本的経営が賞賛された時代は終わりました。日本人労働者の優秀さというイメージのみが一人歩きしていたようですが、データを見ると一目瞭然です。今後、多くの日本企業は、研修制度の充実に積極的に取り組むことで、生産性を高めて生き残りを図る必要があるでしょう。

---

*34　河合（2018）
*35　日本生産性本部の調査（『2017 OECD加盟諸国の就業者1人当たり労働生産性』）

②到達目標の設定

次に、研修による到達目標を決めます。研修を受けた営業員が、受講前と受講後でどのように変化することを期待するか、受講した結果どのようになると想定するかを決めます。

③研修代替案の検討

研修プログラムについて複数の代替案を立てて検討し、最終的にどのようなプログラムで研修を実施するかを決定します。研修計画に従って、研修プログラムの内容設計に移ります。

◤ 設計段階：研修プログラムの内容設計（プロセスⅡ）

研修ニーズ・研修目的・到達目標が明確になれば、次に研修プログラムの内容設計の段階に入ります。この段階では、研修プログラムの内容について、複数の代替案を立てて検討します。検討内容は、研修の対象者、社内講師によるのか、外部から講師を呼ぶのか？　場所はどこでするか？　OJTでおこなうか？　等々、さまざまです。検討の結果、最終的にどのようなプログラムで研修を実施するかを決定します。研修実施計画を作成し、研修実施の準備に入ります。

■ 対象

研修を受講する対象者を明確にします。新卒の新規採用者なのか、勤続2、3年目の営業員を対象にするのか、中途採用者向け、新しく昇任して管理職になった人を対象とする、などが考えられます。また、成績優秀者向け、逆に成績が芳しくない人向け、将来の幹部候補生向け、などの分け方もあります。研修にはコストが発生しますので、できるだけ費用対効果が上がるように、研修対象者を選別することが大切です。

■ 講師

研修を担当する講師を誰にするかを検討します。講師を務める人は、大

きく分けると、社内の人あるいは外部の専門家になります。

社内の人の場合は、社内の営業責任者・マネジャーやトップセールスの人などが講師を務めます。社内の人が講師をするメリットは、自社の状況をよく把握している点です。社内の他部署との関係に合わせた内容の研修を実施できます。また、自社の顧客の状況に応じて、研修内容を反映させることができます。

社内の研修部門や人事部員が講師を務める場合もあります。この場合は、営業活動そのものに関する研修内容というよりは、業界関連知識や社内の状況について教えます。その他、法務関連知識やセクハラ・パワハラ、コンプライアンスなどといった新しいテーマについての内容が中心です。

社外の専門家となると、さまざまな研修会社、営業コンサルティング会社などがあります。社外の専門家を用いると、専門的な知識の習得が可能になります。また、自社内では知り得ない、社外の状況を知ることができます。

■ 分量・ボリューム

研修の分量や負荷についての事前調査・検討も重要です。研修の負荷が大きすぎる場合には、かえって業務に悪影響が出てしまうかもしれません。また、営業員の熟練度合いによっても、必要とされる研修の量は変わってきます。熟練した営業員には、必要最小限の研修内容でも、題材に対する理解が可能となるでしょう。未経験者に対しては、詳しい内容を提供する必要があります。

研修の長さ・期間も検討する必要があります。半日、もしくは1日でいいのか、2・3日の泊まりがけの研修を実施するのか。長い場合は、1か月程度かけた研修を実施する企業もあります。日本の場合、多くの企業が入社直後の新入社員を対象に集合研修を実施しています。

■ 実施時期

実施時期についても、考慮が必要です。営業活動の忙しさには、季節的な変動があります。ノルマの達成に影響する決算などの締め期前に、業務

を休んで研修に参加することは現実的ではありません。どちらかと言えば、ノルマの集計期間が始まった時期や各締め期の始まった頃合いの方が適切でしょう。また、連休・休日などやお盆・年末年始の時期は、有給を消化するために休む人が多く、避けた方がいいでしょう。

■ 開催場所

　開催場所についての検討も必要です。自社で研修施設を保有している場合には、その施設を利用することが一般的です。外部の宿泊施設やホテルなどを利用しての研修も考えられます。外部の施設を利用するメリットは、普段と異なった環境に置かれることで、緊張感を持って研修に参加することです。研修内容に真剣に取り組む結果につながり、高い研修効果が期待できます。

研修方法

　研修を実際にどのように提供するかという、研修方法（method）についての検討も必要です。研修の実施方法には、一般的な講義スタイル以外にも、さまざまなやり方があります。ＯＪＴを活用する場合もあれば、シミュレーション・ゲームやロール・プレーイングのようなやり方で研修を実施する場合もあります。ここでは具体的にそれぞれの方法について説明します。

■ 講義スタイル

　研修の実施方法として最も多いのが、いわゆる講義スタイルの研修でしょう。この方法は、次のようなメリットがあります。

　①多くの知識や情報を短い時間で効率よく提示できる。

　②受講者からすれば、一瞥で全体像を把握できる。

　③一対多の運用で高い費用対効果が期待できる。

　④学校などで馴染みがあるので受講しやすい。

■ OJT（On the Job Training、現場訓練）

オン・ザ・ジョブ・トレーニングとは、職場で実務をこなしながらおこなう従業員の職業訓練です。多くの日本企業で導入されている、企業内教育手法の一種です。一般的には、新入社員に対して先輩社員が割り当てられ、業務の仕方を教えます。

■ ロール・プレーイング / シミュレーション

ロール・プレーイングとは、参加者に対して一定の役割を想定して、割り振られた役割に従って演技をし、実際の状況で適切に対応できるようにする学習方法です。

また、ビジネス・シミュレーション・ゲームなどを用いる場合もあります。数人のグループを作ってゲーム世界の中で会社を経営し、ビジネス上の意思決定を下すシミュレーションをおこないます。

■ 遠隔トレーニング

その他、近年では情報技術を活用した研修も増えています。スマホなどのモバイル機器を使った遠隔セミナー、インターネットとパソコンによるビデオ会議などもよく用いられます。そうした際には、E-Learning と呼ばれる、Web ベースのシステムによって研修コンテンツが配信されます。オンライン配信には、講師と受講生が同時に参加し、双方向に発言のやりとりができる**同時双方向型**や、あらかじめコンテンツをサーバーなどに記録しておき、受講者が自分の都合のいい時間に受講する**オンデマンド型**の方法があります。

■ リモート会議による研修

2020 年度のコロナ禍以降は、ビジネス活動のさまざまなシチュエーションでリモート会議が用いられるようになりました。Zoom や Teams といったリモート会議用のシステムが急速に普及しています。こうしたリモートツールを活用したセミナーや講習会も多く開催されるようになって

います。

　さらに最新の動向としては、リモート会議をメタバース空間で開催するサービスの導入が発表されています[*36]。研修もいずれメタバース内で、アバターを使って受講するようになるかもしれません。

■ その他の方法

　研修にはその他にも、メンタリング、パネル・ディスカッション、CDや音声教材、デモンストレーションなど、さまざまな実践方法があります。集中トレーニング（Absorption Training）は、疑問や質問に答えられることなく、教材を一心に読み込む方法です。この方法は特に、研修成果を強化する場合に有効とされています。その他、Zodiak のようなゲーミング関

教育と研修の違い

　研修のことは社員研修といいますが、社員教育という場合もあります。研修と教育では、どのように意味合いが違うのでしょうか？

　教育は、ひとを望ましい状態に変化させるために働きかけることをいいます。その場合、知識の獲得だけではなく、人格面での陶冶や人間性の涵養などの長期的な人間的成長のニュアンスが含まれています。また、社員教育というと、人事部などが主導して全社的・継続的に社員を教育する側面が感じられます。

　それに対して研修は、職務上に必要とされる知識やスキルを習得するためにトレーニングや訓練をおこなうことです。新入社営業員向け、海外赴任者向け、というように、短期的な一定の状況に対処できるようになるためのものです。社員研修を実践する主体は、該当部署が必要性に応じて自主的におこなう場合が多いようです。

　こうした意味合いの違いから、本書では、「営業員研修」のような場合は意図的に「研修」という用語を用いています。

---

*36　マイクロソフトによる「Mesh for Microsoft Teams 」等。

連の研修教材[37]や、ワークショップ形式による研修など（例；The Big Book of Sales Games）、いろいろな提供スタイルによって研修が提供されます。

研修で身につくもの

■ 知識・スキル・能力

研修で身につくものは、**知識・スキル・能力**（KSA：Knowledge Skill Ability）です[38]。

営業研修の題材は、大きく分けて業務関連と成長関連の2種類に分類できます。それぞれに対してKSAがあります。表15は、業務関連KSAと成長関連KSAについての研修テーマの例をリストアップしています。

業務関連KSAは、日々の業務に直接関係がある内容です。具体的な交渉術、プレゼンテーションの仕方などについての研修です。自社の製品に関する知識や業界全般の知識を習得する内容の研修もあります。

また、営業員一人ひとりのビジネスパーソンとしての成長という観点から、研修内容を設計することも可能です。その場合には、将来のキャリア

表15　業務関連KSAと成長関連KSAの研修テーマ

業務関連 KSA	成長関連 KSA
顧客	全般的態度
競合商品、自社商品	EQ　感情的成熟性
自社について	適合行動、適応力
販売行為での不正行為	創造性
販売スキル	対処方法
交渉スキル	自己管理
チーム行動スキル	組織マネジメント
時間・テリトリー管理	チーム管理

出典：Spiro et al.（2017）

---

*37　Zodiak のサイト参照 https://paradigmlearning.co.in/index.php
*38　Cron et al.（2005）

アップに備えて、管理者としてのKSAを教える内容になります。こちらを**成長関連KSA**と呼びます。

　業務関連KSAと成長関連KSAに加えて、**メタKSA**も考えられています。メタKSAは、前記二種類のKSAの前提条件となるものです。メタKSAには、自己啓発、管理スキル、規制、両利き経営能力、などが含まれます[39]。

■ 法的側面や倫理的側面、コンプライアンス、一般知識

　それ以外の研修内容としては、社会の変化に対応するために必要な新しい知識の習得があります。それが、法的側面や倫理的側面です。

　営業成績をあげるために賄賂などの不正をおこなうことは、コンプライアンス的に許されません。また、パワハラ、セクハラといった新しい課題についての対応も重要です。これまで問題なくやっていたから、他の人がやっているからという理由では言い訳にはなりませんし、今日では許されなくなっています。こうしたトラブルを未然に防ぐためには、法的側面・倫理的側面の新しい内容に関する知識を習得することが重要です。

　時事関連や一般経済知識などについて、研修をおこなう場合もあります。

顧客タイプ別研修内容一覧

　研修内容を設計する際のもう1つの視点としては、相手にする顧客タイプによるものがあります。自社の営業員が日々取引をおこなっている顧客がどのようなタイプであるかによって、研修内容は異なります。以下に、顧客のタイプとそれぞれにふさわしい研修内容の組合わせを紹介します（表16）[40]。

---

*39　Cron et al.（2005）
*40　Ingram et al.（2020）

表16 顧客タイプ別研修内容

顧客タイプ	研修内容
相手をするのが非常に難しい人	• 心理学にもとづいた営業活動 • 交渉術 • 見込客の話を聞く能力 • 反対意見をどう処理するか • 自社製品の競合他社との差別化ポイントについての知識
取引がスムーズにいくことを優先する人	• 見返り（Quid pro quo：好意のための好意）の考え方の重要性を知る • 満足した顧客の重要性 • 顧客がどのように営業員を助けることができるか
ルールを遵守する人	• 営業活動において実質を売ることの重要性 • 反対意見への対処方法（直接拒絶アプローチ、Direct Denial Method）
営業員との接触を楽しむ人	• 顧客との接待や贈答に関する自社の方針の確認 • 接待などでの倫理的・合法的手続について • 顧客との遊興と業務の間でバランスを取ること
自社の立場を前面に出す人	• 自社にとって有効な見込み顧客の基準設定方法 • （見込）顧客を評価する方法
営業員に思いやりがある人	• 顧客から市場情報を入手することの重要性 • Quid pro quo の重要性を知る

出典：Ingram et al.（2020）

実施後段階：研修効果の強化（プロセスⅢ）

　研修の効果を定着させるためには、研修終了後も引き続きフォローアップすることが重要です。具体的には次のような施策をとります。

①見直し研修（リフレッシュ研修）

　研修終了後一定の期間が経過後に見直し研修をおこなって研修内容のフォローアップをすると、研修効果が持続します。

②短い教材の配布

　研修内容に関連した短い教材（資料や動画など）を配布して、フォローアップをさせます。研修内容に関する記憶をリフレッシュし、研修効果の

定着を図ります。

③コーチングやメンタリング

　コーチングやメンタリングという制度を設けます。こうした窓口を通じて、研修で学んだことを改めて確認し、効果の強化を実現します。

④ゲーミフィケーション

　ゲーミフィケーションの手法も有効です。ゲーミフィケーションとは、学習などの活動時にゲームの要素を取り入れて、学習を続けるモチベーションを高めることです。ポイント制やバッジの獲得、スコアのランク表示などがあります。

　以上に述べてきたようなさまざまな手段を通じて、研修受講者の成長度合いを定期的に観察します。そして、研修コンテンツの内容が定着しやすいか、またどの程度定着しているかを判断します。

研修の評価

　研修が終了した後で、実施した研修がどの程度効果的であったか評価することが重要です。その評価を踏まえて、次回以降に実施する研修について、必要に応じた調整と変更が求められるからです。研修の評価は、次の4ステップで実施します（図24）。

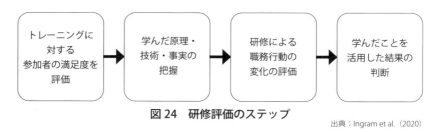

図24　研修評価のステップ

出典：Ingram et al.（2020）

① 受講者の反応

　受講者が参加した研修についての評価や反応を調査します。一般的に、アンケート用紙によって、質問に答えてもらう形で意見を収集します。全般的な満足度や、個別の意見、自由記入欄の回答などを手がかりに反応を調べます。また、受講者の受講時の態度を観察したりその時の発言などから、受講者の反応を知ることもあります。

②学習（習熟）効果

　最も重要な点は、受講した内容が正しく習得されているかどうかです。研修で教わった内容について、正しく理解し習得していることが大切です。これまで全く知らなかったような新しい知識や最新のスキル・ノウハウを学ぶことは、研修の最終的な目的である営業員のスキルを向上させることにつながります。

③ 態度変容

　学んだだけでは不十分で、実践で活かされなくてはいけません。たとえば、顧客先への訪問回数を増やすことの重要性について理解したとしても、

アセスメントとエバリュエーションの違い

　アセスメント（Assessment）とエバリュエーション（Evaluation）は、日本語にすると両者とも「評価」となる紛らわしい用語です。

　一般的に、アセスメントといった場合には、評価や測定をすることでその対象についての情報をもたらすことが目的であるとされています。それに対してエバリュエーションといった場合には、対象を測定した後の結果の判断までをおこないます。したがって、研修へのニーズや内容の設計といった事前段階ではアセスメントを用いています。また、研修を振り返っての効果測定をおこなう場合には、エバリュエーションという単語が用いられています。

　本書での日本語表記では、アセスメントを「査定」、エバリュエーションを「評価」として使い分けています。

実際の営業活動の現場においてそのことが実践されなければ、研修の成果があったとは言えません。知識だけが増えても行動に結びつかなければ、研修を受講した意義は半減してしまいます。それだけでは、受講した営業員のスキルが向上したことにはなりません。

④業績

研修の内容が習得され実践できるようになったとしても、それだけではやはり目的に届きません。究極的な目的は、営業研修の結果が、最終的に営業成績に結びつくことです。獲得顧客数の増加、売上げの増加、というように具体的に見える形で成果を上げることが最も重要です。

ここまで述べてきたような項目は、個人レベルでの目標到達度であると言えます。全体的な評価の切り口としては、組織（会社）全体での目標到達度についても、測定し評価することが必要です。

■ 営業研修査定フレームワーク（3段階モデル）

研修の評価方法については、Attia らの3段階モデルが有名です（図25）。

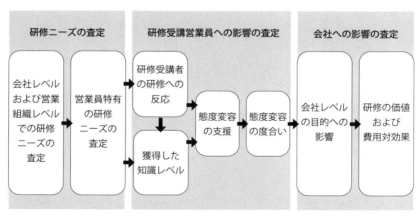

図25　営業研修査定フレームワーク（3段階モデル）

出典：Attia et al.（2005）

　3段階とは、それぞれ、①研修ニーズの査定、②研修受講営業員への影響の査定、③会社への影響の査定の3つです。これら3段階に含まれる8つの評価項目をうまく活用することで、営業組織は以下のことができるようになるとされています。

- 研修が会社の戦略的焦点に沿っていることを確認する。
- 研修の失敗の理由をより正確に特定する。
- 研修の取り組みを継続的に改善することができる。
- 研修プログラムの投資価値を判断することができるようになる。

①研修ニーズの査定

　研修に対するニーズを、営業員個人レベル、ならびに会社レベルで明確にします。

②研修受講営業員への影響の査定

　研修が終了したら、そのフォローアップをおこなうことが重要です。研修の中身について、受講者からフィードバックを集めます。また、研修によって実際にどのくらい効果が得られたかを測定します。最終的に、研修プログラムの全体的な評価を下し、次回の研修に活かします。

③会社への影響の査定

　研修を実施した結果は、最終的には会社全体に影響します。全社的な影響を測定し、今後の活動につなげます。

第7章

営業管理とリーダーシップ

　営業活動で効果を上げるためには、リーダーシップの存在が欠かせません。リーダーシップに関して、これまでにさまざまな立場から研究がおこなわれてきました。この章ではリーダーシップについての代表的な概念を学びます。また、営業活動におけるリーダーシップの重要性について理解します。

◤ リーダーシップとは何か

　リーダーシップについての研究は、古くからおこなわれてきました。その研究内容はさまざまな立場・視点からアプローチされています。また、新しいスタイルのリーダーシップが次々と発表されています。したがって、リーダーシップについては、定義ひとつをとってみても多くのバリエーションがあります[41]。

　本書ではリーダーシップを次のように定義します。

リーダーの人格的なスキル・人間性によって組織のメンバーに影響力を与え、組織全体の業務遂行に良い影響をあたえるもの

　では、営業活動にとって、リーダーシップはなぜ重要になるのでしょうか？　リーダーシップは、以下の理由によって重要であると見なされてい

---

[41]　Yukl ら（2020）は、リーダーシップの定義が曖昧でどんどん増殖しているため、収集がつかない様子を伝えています。
「リーダーシップという概念は、いつも私たちの理解から逃れようとするか、あるいは捉えがたさと複雑さを備えた別の形で立ち現れます。そのため、私たちはそれに対処するために限りなく多くの用語を発明してきました ...... しかし、いまだにその概念は十分に定義されていません。」また、これまでのリーダーシップの定義を列挙すると同時に、自分たちの定義を定義を示しています（Yulk, p.26）。「リーダーシップとは、何をどのように行うべきかについて他者が理解し、同意するように影響を与えるプロセスであり、共有された目標を達成するために個人や集団の努力を促進するプロセスである。」

ます。

　会社は通常の業務では、公式の組織と指揮命令系統によって業務をすすめます。しかしながら、実施の業務の中では、それぞれの状況に応じた意思決定が瞬時に求められる場合があります。そうした場合に、会議を開いて決定する公式な手続を取っていたのでは間に合いません。その場の状況に応じた判断を臨機応変に下す場合に、リーダーシップが役に立ちます。会社の業務を潤滑に運営するために、リーダーシップが必要とされているわけです。

■ リーダーの発生

　リーダーが発生するパターンにはいくつかの種類があります。

　最初のパターンが、**自然発生的**に生まれるケースです。グループ内のメンバーの誰かが自然にリーダーになって、リーダーシップを発揮します。リーダーシップを発揮するためには、必ずしも公式の職位や権限に依存しないケースと言えます。

　会社などでは、上司（課長や部長）から**指名**されてリーダーになるケースがあります。この場合のリーダーシップは、公式な職位ではないものの、公式な権限によるものと言えるでしょう。

　あるいは、メンバー同士による**選挙**（互選）によってリーダーが選ばれる場合もあります。この場合は、リーダーシップの根拠は、まわりのメンバーからの承認によって発生します。

リーダーシップの内容

■ リーダーの条件

　次に、リーダーが具体的にどのようなことをするのかを見ていきましょう。リーダーの重要な要素としては、以下の３つがあげられています[42]。

---

[42] Armstrong and Taylor（2020）

①タスクを明確にする

タスク明確にするところから、実際の活動がはじまります。

②タスクを達成する

タスクを達成することこそが、グループの存在理由です。

③良好な関係性を維持する

関係性は、リーダーと部下の間、グループ内でのメンバー間の間に対してあてはまります。その他、自分たちのグループと、社内の他の部門との間にも存在します。こうしたさまざまな関係性を良好に維持することは、業務を円滑に進める上で重要です。

その上で、リーダーには、以下の３つのニーズがそれぞれ達成されることが求められます。３つのニーズとは、**①タスクのニーズ、②個人のニーズ、③グループ維持のニーズ**、です。タスクのニーズとは、営業組織全体として取り組む課題です。個人のニーズとは、営業員一人ひとりの個人的な課題です。グループ維持は、営業組織を円滑に運営していく上で必須です。これら３つのニーズはそれぞれ密接に関連しています。リーダーには、これら３つの間のバランスをうまく取ることが求められています。

役に立つリーダーシップ行動

最近の営業研究で、業績の向上に効果的なリーダーシップ行動を調査したものがあります[43]。その結果によりますと、以下のような行動が効果的であるとされています。

①コーチング（Coaching）

部下が業績を上げるために個人的に必要とするサポートを、手取り足取り提供します。また、自ら手本を示すことによって指導することです。ま

---

43 Peesker et al.（2019）

わりの人は、リーダーから業務上有効なスキルやノウハウを吸収することができます。

②協働（Collaborating）

　チームでの活動を組織し調整します。個人の目標とグループの目標をともに達成できるようにするために、メンバーはグループ内の他のメンバーと積極的に協力し合うことを推奨されます。困ったことやトラブルに遭遇した場合には、リーダーに相談することによって、解決を図ることができるようになります。

③引っ張っていく（Championing）

　グループメンバーが、脱線した業務や、本質的ではない業務から解放され、本来の業務に集中できるように、間に立って盾になって庇います。会社の内部や顧客からの要求や問合せなど、さまざまな割り込みが発生します。そうしたものの中から、不必要なものを取り除くことによって、部下は自分の本来の業務に集中することができます。

④顧客関与（Customer Engaging）

　顧客の調査や交流をおこなうことで、営業案件の進捗を支援し、顧客との関係を構築します。また、顧客に価値を提供する効果的な方法を、営業担当者に示します。

　その他、業務面だけではなく倫理的行動という面で自らがロールモデルとして手本を示すことにより、部下に行動規範を浸透させることができます。このようなリーダーがいるチームは、統制の効いた良いチームとなり、高い業績を上げることが期待できます。

◤ リーダーに必要なスキル

　リーダーに必要なスキルとは、どのようなものでしょうか？　必要なスキルは、対人的スキルと職務的スキルに分類できます。代表的なものをあげておきましょう。

■ 対人的スキル

対人的スキルには、以下のものが含まれます。

①自信

リーダーは頼れる存在です。そのためには、リーダー自身が、自分の言動に自信を持っていることが重要です。自信を持って指示をするからこそ、部下も信頼してついていこうという気持ちになれます。リーダーが自信のない様子だと、「本当にこの人の言うことをきいて大丈夫かな」と部下の方で不安を感じます。

②自発性

リーダーは自分でものごとを決めて実行することが求められます。上司からの指示を待って行動を起こすのではありません。いわゆるセルフ・スタータータイプです。また、行動に伴って起こるかもしれないリスクに対しても、しっかりと向き合う覚悟を持っていることが求められます。

③バイタリティ（活力）

リーダーは常に活力に溢れている必要があります。常に前向きで積極的に行動するためには、バイタリティが重要な要素です。また、同時に発生する多くの事柄を管理するためには、バイタリティは欠かせません。

④創造性

困難な状況に直面しても、それを打破し新たな解決策を見つけるためには、創造性が必要です。従来のありきたりの発想にとらわれていては、新たな解決策を見つけ出すことは困難です。リーダーは豊かな創造性を持っていることが大切です。

⑤成熟性

リーダーは自分のことだけを考えていては務まりません。会社全体のことや部下の成長などについても、リーダーは関心を持っているべきです。人間的に成熟していないと、こうしたことに関心を向ける余裕はありません。

■ 職務的スキル

職務的スキルには、以下のものが含まれます。

①問題解決力

リーダーはさまざまな課題に直面します。最も重要な課題は、何かトラブルが起こったときにそれを解決することです。さまざまな必要なスキルを動員し、問題解決にあたらなければいけません。こうした問題解決力は、リーダーシップに不可欠な資質です。

②対人関係力

会社は人の集合です。同じ部署やグループでは多くの人が一緒に働いています。多くの人の利害を調整し、方向性をまとめ上げていくためには、対人的に良好な関係を構築する能力が必須です。

③コミュニケーション能力

上記の対人関係力を発揮するためには、コミュニケーション能力が大きな役割を果たします。今日では、対面的なコミュニケーションだけではなく、電子メールやメッセンジャー・アプリを使ったコミュニケーション・スキルも必要です。コミュニケーションの際には、簡潔明瞭にメッセージを伝達する必要があります。また、メッセージの内容が正確で時宜にかなったものであることも重要です。

④説得力

良いリーダーは、まわりの人を動かすときに命令や強制するのではなく、まわりの人が自発的に行動するように心を配ります。そのためには、まわりの人が納得するように効果的な説得力を持っていることが重要です。

◤ リーダーシップの手段

リーダーシップを発揮するため、リーダーはさまざまな手段を用います。代表的な手段としては以下のものがあります。

①会議（セールス・ミーティング）を開く

　定期的にグループでのミーティングを開催します。もしくは就業時間帯の前後で、必要に応じて設定します。場合によっては、社内の他部門のメンバーが出席することもあります。

　ミーティングの内容はさまざまです。新しい製品の説明、営業目標の確認と達成手段についての指示もしくは情報交換、簡単なセールス技術のトレーニング、業績表彰的なイベント、などです。

　また、ミーティングの目的もいろいろあります。メンバー間での情報共有、グループもしくは個人の目標達成状況の確認、重点営業活動の確認、モチベーションをあげるなどです。その際に、リーダーがミーティングを上手に仕切ることが重要です。

②日々のコミュニケーション

　日常の挨拶を交わすときやオフィスで対面する時の表情や仕草で、部下の状況を判断することも可能です。また、なにげない雑談の中から、部下が現在おかれている状況や家庭的な悩みなどがわかる場合があります。優秀なリーダーは、こうした状況を巧みに捉え、部下の実態を把握しようとします。ただし、今日では個人のプライバシーの問題が強く意識されるようになったため、個人的な内容に立ち入った会話をすることには格段の注意が必要です。

③報告書

　リーダーは業務報告書（日報、週報、月報など）によって、部下の状況を把握し、適切なアドバイスをします。トラブルの発生が予見できる場合には、事前に対処方法を助言することも可能です。正式の業務以外に、メモや非公式の文書などを部下から受け取って対処する場合もあります。

④個別面談

　個人的に問題を抱えている部下に対しては、個別に面談をおこなうことが有効です。これは社内で決まっている定期的な面談とは別に、適宜必要に応じておこなわれるものです。コーチングの一種であるとも言えます。

⑤その他の手段

　直接業務には関連しない社内の資料を参考として共有したり、雑誌・新聞の記事などの切り抜きを示して、業界のトレンドを伝えたりすることがあります。その他、営業活動を円滑に進める上で役に立つスキルを教えたりします。今日では、SNSを使って、部下・メンバーとの間で良好なコミュニケーションを取ることも増えています。

リーダーシップのスタイル

　リーダーシップのスタイルについて説明しましょう。これまでの研究では、代表的なリーダーシップのスタイルとして、次の2つをあげています。1つが①トランザクショナル・リーダーシップで、もう1つが②トランスフォーメーショナル・リーダーシップです。

①トランザクショナル・リーダーシップ

　日本語では、**取引型リーダーシップ**、**交換型リーダーシップ**とも呼ばれます。このスタイルのリーダーシップは、部下がいい成績を収めたときは、それと報酬を交換する形で、部下のやる気（動機付け）を引き出します。その反対に、部下がしくじったときには、注意したり厳しくけん責したりします。状況に応じて飴と鞭を使い分けるリーダーと言えるでしょう。報酬を提供することによって動機付けをおこない、人々のやる気を引き出しています。こうしたことを、外発的な動機付けと呼びます。報酬の具体的な内容は、昇進やボーナスなどです。現実的な目標達成を追求する、タスク重視型の管理スタイルです。

②トランスフォーメーショナル・リーダーシップ

　日本語では**変革型リーダーシップ**と呼ばれます。このスタイルのリーダーシップは、より高い目標やビジョンを達成するために、部下を鼓舞して強く動機付けし、部下の行動や態度を大胆に変革させます。変革期に活躍する風雲児タイプのリーダーと言えるでしょう。部下に対して知的な刺激をあたえて問題点に気づかせます。また、部下に業務の意義を理解させ

たり、部下自身の自己の成長について意識を高めさせたりします。こうしたことを通じて、会社や部署の業績を劇的に向上させます。表17に、トランザクショナル・リーダーシップとトランスフォーメーショナル・リーダーシップの特徴について、まとめています。

表17　リーダーシップの特徴比較

トランザクショナル・ リーダーシップの特徴	トランスフォーメーショナル・ リーダーシップの特徴
●成功報酬型 ●積極的例外管理 　（状況を常にモニターしている） ●消極的例外管理 　（トラブル発生時のみ対応する） ●レッセフェール（自主性に任せる）	●理想的な影響力 ●鼓舞する動機付け ●知的な刺激 ●一人ひとりに調整された考慮

出典：Robbins and Judge（2017）

　最近の組織におけるリーダーシップとしては、トランザクショナル・リーダーシップよりもトランスフォーメーショナル・リーダーシップの方が好ましいと受け止められています。トランスフォーメーショナル・リーダーシップの果たす役割の中で、営業活動に関連するものには、以下の項目があります。

①ビジョンを打ち出す

　ビジョンを明確に打ち出すことは重要です。トランスフォーメーショナル・リーダーシップの最も重要な機能の1つです。

②グループ目標を高める

　今日の厳しい競争環境では、グループでタスクを遂行することが重要です。トランスフォーメーショナル・リーダーシップには、グループ行動を遂行するために、グループ目標を共有し推し進める役割もあります。

③お手本（ロールモデル）を示す

　トランスフォーメーショナル・リーダーシップは他人に指示をするだけではなく、自分自身をロールモデルとして部下に見せることによって導き

ます。

④部下を一人ひとりサポートする

多様性のある部下に対して、一人ひとり個別に適切なサポートをすることが不可欠です。トランスフォーメーショナル・リーダーシップではそれを目指しています。

リーダーシップは生まれつき？

リーダーシップの捉え方はさまざまです。その中で、代表的なものは**特性論**と呼ばれるとらえ方です。このとらえ方は、リーダーシップとは生まれつき個人に備わっている資質であり、努力をしても開発して身につけることはできないとする立場です。言い換えれば、リーダーとなるべくして生まれた人だけが、優れたリーダーシップを把握できる、という考え方です。ただし、これまでの研究では、優れたリーダーシップを発揮することに直接結びつく特性は、まだ見つかっていないようです。

その反対に、スキルや技術のように、研修やトレーニングによってリーダーシップを身につけることができるという考え方もあります。こうした**技術論**では、リーダーシップは生まれつきではなく、涵養することができると考えます。

そのほかのリーダーシップのスタイル

前の節で見た代表的な2つのリーダーシップのスタイルのほかにも、いくつかの異なったスタイルのリーダーシップが提唱されています。ここでは、代表的なものをいくつか紹介しましょう。

①サーバント・リーダーシップ（Servant leadership）

サーバント・リーダーシップとは、従来のリーダーシップのイメージを180度ひっくり返すような考え方です。この考え方によると、「リーダーである人は、まず相手に奉仕し、その後相手を導くものである」と定義さ

れています。サーバントとは奉仕する人という意味です。従来のリーダーシップのイメージが、先頭に立って引っ張っていくものであるとすれば、サーバント・リーダーシップは、後ろから押す感じです。縁の下の力持ち的存在のリーダーと言えるでしょう。

②オーセンティック・リーダーシップ（Authentic leadership）

オーセンティック・リーダーシップとは、リーダーが自分の価値観や考えを正直に開示することによって発揮されます。オーセンティックとは、「本物の」や「信頼できる」というような意味です。真のリーダーシップであるとして注目されています。オーセンティック・リーダーシップに対して部下たちは、リーダーを信頼し熱狂的な支持を示します。その結果として、個人やチームのパフォーマンスが著しく改善されることが期待できます。

③適応型リーダーシップ（Adaptive Leadership）

適応型リーダーシップは、リーダーが決めたことをトップダウンで強制するのではなく、目的を共有したうえでメンバーの考えや意見を引き出し、メンバー一人ひとりの価値を最大化して成果を導くリーダーシップ・スタイルです。軍隊や病院のような組織でも活用されているようです。

上の説明でとりあげたリーダーシップ・スタイル以外にも、以下のようなものがあります。

④カリスマ的リーダーシップ（Charismatic leadership）

最も古いタイプのリーダーシップかもしれません。個人のカリスマ（人間的魅力）によって部下を引きつけ、導きます。

⑤ビジョナリー・リーダーシップ（Visionary leadership）

将来についての明確な展望（Vision）を持ったリーダーが、その展望を部下に理解させることによって部下を鼓舞していくスタイルです。

⑥倫理的リーダーシップ（Ethical leadership）

リーダーの言動によって、メンバーだけでなく組織全体に、倫理的な行動規範や価値観を定着させるようなリーダーシップです。

⑦両利きリーダーシップ（Ambidextrous leadership）

両立型リーダーとは、リーダーが探索的な活動と深化的な活動を同時におこなうことを意味します。イノベーション研究で提唱された両利き経営という概念からの転用です。

⑧状況対応型リーダーシップ（Situational leadership）

このスタイルは、状況に応じて必要とされるリーダーシップ・スタイルを採用するというものです。その際に、リーダーがメンバーに与える「業務への関心度」と「人間への関心度」を切り口として利用します。

◢ リーダーシップがもたらすもの

組織において適切にリーダーシップが発揮されると、次のような成果が生まれます。

①教育の行き届いたメンバーの育成

まず、グループのメンバーの営業員に対して訓練が行き渡ります。日々、リーダーが手取り足取りでトレーニングを施してくれるので、よく訓練された営業員が生まれます。会社の正規の営業研修では足らない部分を、日々の業務をこなしながら身につけることができます。また、正しいビジョンや行動規範が身につきます。

②メンバー間の信頼

良いリーダー（リーダーシップ）のもとでは、グループでの協働が後押しされます。グループの運営がスムーズにおこなわれるようになり、グループの各メンバーは自分の業務を順調に遂行できます。そうすると、各メンバーには余裕が出てきて、困っている他のメンバーを助けることができるようになります。その結果、グループメンバー間の信頼が高まるという、好循環が生まれます。また、各メンバーの満足度も高くなります。

③高いモラール

普段から、適切なリーダーシップによって導かれることにより、グループのメンバー一人ひとりに高いモラール意識が芽生えます。業務の締切を

守る、会議に遅れない、という基本的なことから、他のメンバーを助ける、他人を尊重し敬意を示すなどの、企業人だけではなく、人間としても高潔な行為が自然と取れるようになります。こうした行為は、**組織市民行動**と呼ばれる意識につながります。

④高い業績

これまで述べたようなことが起こると、自然と業績もよくなります。営業員一人ひとりのレベルが上がるだけではなく、グループ全体としてのパフォーマンスも高められます。一方で、問題行動やトラブルに結びつくような行為は少なくなります。その結果として、会社全体にとっても好ましい結果を残すことに繋がります。適切なリーダーシップ、ならびにリーダーの存在は、会社にとって不可欠なものであると言えます。

◤ リーダーシップで気をつけること

組織におけるリーダーシップは、不可欠なものです。ただし、現実にリーダーシップを発揮する際には、気をつけることがいくつかあります。

■ 過保護

まず、リーダーシップと過保護の関係です。メンバー一人ひとりに十分にサポートをおこなうことは、リーダーシップで重要な点であることはすでに説明しました。ただし、それがいつものこととして常態化してしまうと、メンバーの個人的な成長という面からは問題となります。リーダーがメンバーを支援するのはいいのですが、それが過保護になってしまうと好ましくありません。そうなるとメンバーは次第に、常にリーダーを頼るようになってしまいます。いつもリーダーからの支援が期待できるため、それに依存するようになってしまいます。その結果、自分自身で成長するチャンスや意欲を失ってしまうかもしれません。そういうことが起こらないように、メンバーを支援する場合には、注意深く観察することが必要です。場合によっては、あえて見て見ぬふりをするくらいの荒療治が必要になる

かもしれません。

■ えこひいき

グループ内のメンバーに対する支援に、差があってはいけません。グループ内のメンバーから、一部のメンバーだけが必要以上に優遇されていると誤解されるような言動は慎むべきです。えこひいきだと思われ、公平でないと感じられると、他のメンバーの動機付けが極端に下がる恐れがあります。そうなると、グループで高い業績をあげることが望めなくなってしまいます。

■ ハラスメント

また、今日ではハラスメントの点にも十分留意しなければいけません。ダイバーシティなど、個人の意識が大きく変わっています。冗談のつもりで何気なくした発言によって、大きな問題になることもあり得ます。また、叱咤激励したつもりでも、相手がそう取らない恐れもあります。セクシャル・ハラスメントやパワー・ハラスメントなどと受け止められないように、細心の注意が必要です。

◤ リーダーシップ vs マネジメント vs スーパービジョン

リーダーシップに関連して、似たような用語にマネジメントとスーパービジョンがあります。ここでは、簡単にこれらの用語の違いをまとめておきましょう。

リーダーシップは、本論でも述べたように、個人の人格的なスキル・人間性によって、組織の他のメンバーに影響力をあたえることです。言い換えれば、人間的な魅力によって、まわりの人が自発的に仕事に取り組む雰囲気を生み出していると言えるでしょう。

マネジメントとは、組織上の公式な役割にもとづいた行為です。会社の経営方針に従って設定された目標を達成するために、組織を運営・管理し

ていきます。組織の公的な職務権限にもとづいて、組織のメンバーに指示をすることです。具体的な職制としては、課長レベル以上が一般的です。

　スーパービジョンは、日々の業務の中でおこなわれます。日々の行動についての具体的な細かい指示です。一般的に、スーパーバイザー（部下や新入社員に対して指示を出すグループ・リーダー、係長、主任）のような職制が該当します。

　これら3つの違いをまとめてみましょう（表18）。リーダーシップは、複数の人間に対する動機付けが大きな要素となります。影響力が自発的に湧き出るイメージです。リーダーの人間性によって人を動かす、と言えるでしょう。それに対してマネジメントは、組織的な権威が大きな要素となります。組織的な目標を達成するために、どのような手段を用いるかを計画するイメージです。地位による権限や組織の規則によって人を動かすこと、であると言えます。スーパービジョンは、日々の細かい指示が大きな要素です。行動の一つひとつに目を配り、保護者のような役割で部下を導きます。

表18　リーダーシップ vs マネジメント vs スーパービジョン

タイプ	目的	原動力
リーダーシップ	複数の人間の動機付け	人間性
マネジメント	組織目標の達成	地位による権限や組織の規則
スーパービジョン	日々の細かい指示	保護者のような役割

出典：Robbins and Judge（2017）

第Ⅲ部

営業を
まわす

　第Ⅲ部では、日々の営業活動を実践する上で必要な事柄について学びます。

　第8章では、販売予測とテリトリー管理について学びます。この2つは、営業戦略を立案するための起点となります。営業活動を展開する上で欠かせない内容です。

　第9章では、顧客管理について学びます。今日のビジネス環境では、顧客志向が中心的な概念となっています。自社の顧客を適切に管理することは、営業活動だけではなく全社的にも重要な課題です。

　第10章では、営業活動における情報技術の活用について学びます。営業活動においても情報技術（IT）の活用は必須です。最新の情報技術の動向や生み出される新しい概念を押さえておくことは重要です。

　経営環境の変化に伴って営業活動は日々変わっています。第11章では、営業活動の新しいスタイルについて学びます。

第8章 販売予測・テリトリー管理

この章では販売予測とテリトリー管理について学びます。

章の前半では、販売予測について学びます。販売予測は、市場の状況や顧客の潜在的ニーズを明確化し、どのくらいの売上げを期待できるかを予測します。でき上がった予測に基づいて、営業戦略を立案し営業管理をおこないます。

章の後半では、テリトリー管理について学びます。テリトリー管理とは、営業員が営業活動でカバーするエリア（場所）を決めることです。市場を一定の基準で分割し、分割したテリトリーに営業員を割り当てます。テリトリー管理は、効率的な営業活動を展開する上で欠かせません。

販売予測について

事業戦略の重要な内容のひとつが営業戦略です。その営業戦略を立案する際の起点となるのが販売予測です。したがって、販売予測は営業活動の重要な最初の一歩と言えるでしょう。販売予測をすることによって、以下のようなさまざまな営業活動への取り組みが可能となります。

- ●営業部門の人員構成
- ●テリトリーの決定
- ●営業予算（ノルマ）の設定
- ●営業員の業績評価
- ●潜在顧客の評価

販売予測とは

販売予測（Sales Forecasting）は、売上予測ともいいます。販売予測の定

義を以下にあげます。

> **販売予測とは、過去の販売実績をもとに、短期的または長期的な将来の業績を予測し、健全な財務計画を立てるためのものである。売上予測には、過去の売上データや経済データが用いられることが多い**[44]

販売予測に関連していくつかの用語がありますので解説します。それらは、①市場販売見込、②市場販売予測、③販売見込、④販売予測、です（表19、図26）。

表19　販売予測の分類

	最善で実現可能な目標	現状での最善目標
業界レベル	①市場販売見込	②市場販売予測
企業レベル	③販売見込	④販売予測

出典：Ingram et al.（2020）

図26　販売予測の関係

①市場販売見込（可能量）（Market Potential）

業界全体の需要について考える場合には、市場（マーケット）全体が対象となります。市場で潜在的に実現しうる最高の売上が、市場販売見込です。いいかえると、業界全体（市場全体）の潜在的な需要を全部合計した

---

*44　英語版 wikipedia より翻訳

ものです。一部の（潜在的）顧客については、業界の他のどの企業（競合他社）も販売できないか、顧客自身が自己のニーズを認識していない（気がついていない）場合があります。

②市場販売予測（Market Forecast）

業界全体を対象としつつも現実の状況で実現しそうなものが、市場販売予測です。業界全体における販売予測です。顕在化した顧客のニーズを合計したものです。

③販売見込（可能量）（Sales Potential）

1つの企業を基準に考えます。その場合に、実現しうる最高の売上が販売見込です。いいかえると、自社の潜在的な販売可能量です。自社の一部の潜在的顧客は、自己のニーズに気づいていない場合があります。また、自社の顧客ではありながら、営業員がしかるべき営業活動による働きかけをおこなっておらず、ニーズが掘り起こされていない場合があります。

④販売予測（Sales Forecast）

現在の戦略のもとで実現できそうなものが、販売予測です。自社の顧客が持っている自社製品・サービスに対するニーズに対して、適切な営業活動をおこなった場合に達成可能となる販売数量です。

販売予測の手法

次に、代表的な販売予測の手法についてみていきましょう。販売予測手法は、大きく分けて、**データ駆動型**（**Data Driven**）と**意見・判断聴取型**（**Opinion Driven**）に分かれます。

データ駆動型は、経済情勢の分析や、過去の時系列データの分析を通じて、その中での自社の販売可能量（見込）を算出します。でき上がった自社の販売見込（可能量）から販売予測を見積もります。そこで得られた販売予測を、エリアやテリトリーごとに細分化します。細分化した販売予測を、日々の営業活動に落とし込みます。

　意見・判断聴取型は、顧客の購買意図を聞き取り調査します。また、個々の営業員の販売見込もしくは販売予測や、担当役員の意見を聴取します。それらをエリアごと、テリトリーごとに集計し、全社的な販売予測を算出します。

　２つの型の予測手法の分類について、それぞれに分類される予測手法を以下で説明します。

■ データ駆動型

●移動平均法（moving averages）

　移動平均法は、時系列データを使って分析する手法です。一定の期間を定め、その期間における平均値を求めます。一定の期間を移動させながら平均値を取っていくことにより、急激な変動を吸収したなだらかな傾向値（トレンド）を得ることができます。

●指数平滑法（exponential smoothing）

　指数平滑法は、指数関数を用いて時系列データを平滑化する手法です。移動平均法では、過去の観測値に均等に重み付けをしますが、指数関数を使用することで、時間の経過とともに指数関数的に減少する重み付けをおこないます。指数平滑法をもちいると、季節性などを反映させることができます。

●分解法・分割法（Decomposition method）

　販売予測のデータを、トレンドや季節性、周期性などのいくつかの要素に分解して分析をおこないます。それぞれの要素に対する予測をつけて集計することで、より正確な売上予測を求めることができます。

●回帰分析（regression analysis）

　マーケティングなどのデータ分析でもよく用いられる伝統的な統計手法です。目的変数（従属変数）に対して、予測変数（独立変数）がどのように影響しているかを分析します。分析結果を、ビジネス上の意思決定に反映させることができます。

■ 意見・判断聴取型

● 購買意図の調査（Survey of Buyer Intentions）

ある製品の既存顧客に、将来のある期間におけるその商品を購買する必要性があるかどうかを予測してもらう予測手法です。電話、メール、もしくは面談によるインタビューなどの手段によってデータを収集します。

● エグゼクティブ陪審法（Jury of executive opinion）

経営幹部の意見に基づく評決ともいわれます。この手法は、社内の役員（営業担当かそれ以外でも適当であると思われる役員）と公式・非公式の面談をおこない、経験に基づく売上予測を求める手法です。

● デルファイ法

デルファイ法は、あらかじめ社内から選別されたパネルメンバー（社内の有識者、一般的なマネジャークラス）に、匿名で回答を求める手法です。集計した回答を、パネルの全メンバーにフィードバックします。他のメンバーの意見を参考にしたうえで、再度予測を出してもらう手続きをおこないます。

● 営業員の販売予測積上げ（Salesforce Composite）

現場の営業員に売上見込を聴取し、それを集計して見積もりとする方法です。比較的簡単にできるので、詳細な市場データの入手が困難な場合などによく用いられます。

その他、テスト・マーケティングをおこなう、自社工場の製造設備の生産能力から逆算して必要な販売数量を算出する、などの手法があります。新製品の場合には、参考となる過去のデータが存在しないことから、予算目標から逆算して、売らなければならない必要数量を設定する場合もあります。

▶予測手法の選び方

　これまで見てきたように、予測手法にはさまざまな種類があります。どの予測手法を選ぶかは重要です。予測を選択するときの重要な要因としては、①分析の正確性、②分析に必要なデータ量、③分析全般のコスト（準備段階からデータ収集を含む）、④分析手法への慣れ具合、⑤分析のやりやすさ、などが考えられます。

　ただし、予測手法の選択方法には唯一の正解というものはありません。たとえば、①分析の正確さと②分析に必要なデータ量や⑤分析のやりやすさの間には、トレードオフの関係があります。精度が高い予測手法は、多くのデータ量が必要であったり、使い方が難しかったりします。そういう場合は、複数の予測手法を組み合わせて使うことで、デメリットを軽減できる場合があります。以下に、予測手法を選択する際の注意点を挙げておきます。

●複数の手法を使う

　一種類の手法だけでは、必要とされる正確性が保証できない危険性があります。そういう場合には、複数の手法を用いることが効果的です。

●実際の市場や製品の状況に手法を合わせる

　手法には向き不向きがあります。対象としている製品やサービスの性質、自分の会社の実情に適合する手法を用いることが大切です。

●手法の限界について理解する

　数学的に高度な手法を用いる場合には、特に注意が必要です。また、近年では分析に機械学習を用いることも増えています。そうした場合には、分析のプロセスやロジックがブラックボックス化してしまう恐れがあります。

●取り入れる市場要因を最小限にする

　複雑すぎる分析モデルは、直感的な理解や解釈が困難になる場合があります。取り入れる市場要因はできるだけ最小限にしてシンプルでありながら、現実を再現できるモデルが優れた分析モデルです。

テリトリー管理とは

テリトリー[45] は以下のように定義します。

（セールス・）テリトリーとは、個々の営業員や営業チームが担当する地理的エリアや顧客グループのことをいう[46]

テリトリー管理とは、営業力（Sales Force）をどのように配分するかを考えることです。自社が営業活動をおこなう場所をいくつかのテリトリーに分割し、分割したテリトリーごとに担当者を決めて分担します。

テリトリーに分割する際は、地理的状況や、潜在的な販売予測、これまでの経緯（過去からのしがらみ）、またはこれらの要素を組み合わせて総合的に決めます。

テリトリー管理の目的

テリトリー管理をおこなう目的は、営業力の潜在的能力を引き出して、営業効率を高めるところにあります。またそれによって、営業活動のコスト削減と売上向上につなげることです。

既存の企業の場合は、すでに各地に支店・営業所が配置されています。テリトリー管理を通じて、営業拠点の新設や、支店／営業所の統廃合、などについての検討をおこないます。新規企業の場合は、テリトリー管理は、今後の営業活動を効率よく進めていく上で、大きな影響をおよぼします。そのため、戦略的な視点に基づくテリトリー管理が求められます。

テリトリー分割をおこなう場合、営業戦略や年次計画、自社の営業拠点の配置や社内の体制といった内部要因を考える必要があります。また、地

---

[45] 販売テリトリー、もしくはセールス・テリトリー。以下テリトリー
[46] 英語版 wikipedia より翻訳

理的状況や、行政区分、顧客の状況、そのテリトリー内における競合他社との競争状況、といった外部要因についても考慮します。

　テリトリー管理は、営業戦略だけを考えておこなうことはできません。全社的なビジネス活動の方向性に沿った形で、テリトリー設計をおこなうことが重要です。経営戦略、マーケティング戦略、などとの間で整合性がとれていることが必要です。

テリトリー設定

　テリトリー設定に関しては、いくつかの要因を慎重に考慮することが重要です。テリトリー設定の善し悪しによって、営業活動の成果に差が出てくるからです。具体的には、マーケット・シェアの獲得状況、営業員の有効活用、顧客の自社営業活動に対する評価や満足度合いなど、さまざまな面に影響します。

　国際的に営業活動を展開している場合には、国ごとにテリトリーを割り当てます。場合によっては、該当する国の中で、さらに地域ごとにテリトリーを分割する必要があります。

　地理的データを用いて、テリトリーを設定する場合もあります。特に米国のように国土が広い国では、GIS情報に基づいて設定する場合が多いようです。日本の場合でも、顧客管理にGISデータを用いたパッケージなどが販売されています。その他、商圏分析などで用いられる場合も多いようです。

　テリトリーの設定方法には、**①積み上げ方式（ビルドアップ）**と**②ブレークダウン方式**があります。

　①積み上げ方式では、テリトリー内の顧客先への訪問回数などの必要な営業活動量を明確化します。その上で、業務を割り当てられる営業員の仕事量の負荷を考えながらテリトリーに仮配分していきます。仮配分したテリトリーを調整して、最終的なテリトリーを決定します。

　②ブレークダウン方式では、まず市場全体の潜在的な販売量を見積もり

ます。次に、個々のセグメントにおける潜在的販売量を計算します。営業員の仕事量の負荷を考えながら、テリトリーに仮配分します。仮配分したテリトリーを調整して、最終的なテリトリーを決定します。

　また、ここで説明したような数字の分類による割当だけではうまくいかない場合があります。仕事をおこなうのは人間ですから、感情的な側面も考慮する必要があります。たとえば、1つのテリトリーの業績が上がり、担当する営業員の報酬が増えているとします。会社としては、そのテリトリーをもう少し細分化し、より多くの営業員によって分担することを検討しがちです。その結果、これまで比較的容易に業績をあげることができていた既存の営業員のやる気を殺いでしまう恐れがあります。

◤ テリトリー管理の実践

　設定したテリトリーは、適切に管理する必要があります。テリトリー管理を実践する場合には、以下のような項目についての対応が求められます。

- ●テリトリーへの営業員の割当
- ●営業員の巡回問題
- ●特殊なテリトリーへの対処

■ テリトリーへの営業員の割当

　分割したテリトリーには、人員を適正に配置・配属することが求められます。それにより、以下の効果が期待できます。

①顧客先への訪問所要時間の短縮化・最適化が実現できる。

②営業員の能力を最大限引き出すことができる。

③業務負担の均等化が可能となる。

④テリトリー毎に目標設定をすることにより、きめ細かい営業力管理が可能となる。

⑤個別の顧客にニーズに対応しやすくなる。

こうした効果は、営業活動の効率化につながり、最終的には売上高の増加や利益率の向上に貢献できます。設定されたテリトリーに営業員をどのように割り当てるかは、とても大切な事項です。

テリトリーへの人員配置については、**単一テリトリー制**と**複数テリトリー制**があります。単一テリトリー制（シングル・テリトリー制ともいいます）は、1つのテリトリーに一人の営業員を割り当てる方法です。複数テリトリー制は、1つのテリトリーに複数の営業員を割り当てます。単一テリトリー制と複数テリトリー制には、それぞれにメリットとデメリットがあります。

単一テリトリー制のメリットは、特定のテリトリーを一人で担当するため、状況に詳しくなり、実情に合った行動を取ることができるようになります。デメリットは、一人で担当するので、顧客対応がその人次第になってしまう、その人が病気などで休んでいる間は、充分な顧客対応ができないなどがあります。

一方、**複数テリトリー制**のメリットは、複数で担当するため、一人に不都合が生じても他の担当者がカバーできる点です。複数の営業員が協力して担当することにより、幅広く厚みのある顧客対応が可能となります。デメリットは、責任の所在が曖昧になりがち、社内での軋轢が生じる、などがあります。以上の比較について、表20にまとめています。

表20　単一テリトリー制と複数テリトリー制の比較

	単一テリトリー	複数テリトリー
メリット	●集中できる ●責任感がでる ●やりがいがある ●共喰いがおこらない	●穴・漏れが生じない ●異なった個性の組合わせによる総合的アプローチが可能 ●顧客・市場について多角的に分析しフォローできる
デメリット	●担当者の不在時に穴があく ●協調・協働によるシナジーが期待できない ●個人のキャパシティーを超えるリスク	●責任があいまいになる ●営業訪問の重複など、資源の無駄遣いに繋がる ●社内・部門内での軋轢が生じる

出典：産能大（2004）

■ 営業員の巡回問題

●巡回ルートの最適化

　営業員の**巡回問題**とは、営業員が自分の担当のテリトリー内に存在する顧客先を巡回するときのルート（道順）を決めることです。その際に、どういうルートで巡回すれば効率よく巡回できるか、ということの最適解を求める問題です。最適解とは、総移動距離が最小になるような巡回ルートのことです。この問題は、OR（オペレーション・リサーチ）における古典的な問題であり、最適化手法のひとつとされています[*47]。**巡回セールスマン問題**とも呼ばれていました。

　現実的には、客先が留守だったり途中の道が混んでいたりと、理想通りにはいかないかもしれません。また、永年の勘で、この順番がいいということがあるかもしれません。しかしながら、経験の浅い新人や新しく担当するひとにとっては有効な手法です。

●テリトリーの重複

　必要があれば、テリトリーを重複させることが有利な場合もあります。おもに、巡回問題を最適化できる場合に有効です。実際に重複をさせてテリトリー配分を実施する場合には、詳細な検討をしたうえで社内での調整や充分な配慮が必要です。テリトリー配分によって自分の業績が大きく変動する場合がありますから、個人の営業員だけではなく、営業部門や営業チームにとっても死活問題であると言えます。

■ 特殊なテリトリーへの対処

　テリトリーの中で、他のテリトリーとは異なる特殊な性質を持っているテリトリーに対しては、その取扱いには注意が必要になります。そのような特殊なテリトリーは、

①そのテリトリーの文化が特殊。県民性や地域性の影響による。

②そのテリトリーに存在する顧客が特殊な場合。

[*47]　寒野『最適化手法入門』（2019）

③ライバルとの競合状況が特殊、競合の数が多い、ガリバー企業が市場を支配している、など。

④テリトリー内の顧客が極端に多い、あるいは極端に少ない場合。

⑤その他、さまざまな要因により、他のテリトリーとは状況が異なっている場合。

　特に県民性・地域性は重要です。余所者に対して閉鎖的な態度をとるエリアもあります（コラム参照）。

▶テリトリーの再調整

　一旦設定し営業員が割り当てられたテリトリーに対して、再調整をすることも重要です。状況を継続的にモニターして、不都合が生じているようであれば、必要に応じた修正を施すことが求められます。

　テリトリーの割当変更は、営業員のモチベーション向上などの効果を期待できるなどの影響度合いが大きいため注意が必要です。一般的に言えば、営業員は売上げの大きい花形的なテリトリーを任されると、モチベーションを上げます。その一方で、あまり成長性がない重要顧客が存在しないテリトリーを割り当てられると、営業員の士気は下がります。

特別な街　京都と名古屋

　私が以前勤務していた会社で新入社員の配属先として名古屋・京都に配属する場合には、特殊な条件がありました。それは、この2つの地域に配属されるのは、地元出身であるか、これらの地域にある大学を卒業したか、いずれかの人のみを配属していました。

　京都や名古屋は、排他的で余所者は入り込みにくいという地域特性があるといわれます。こうした点を考慮して配属することによって、経験のない新入社員が配属先で一人前になるまでに、余計な負担や困難な状況になることを予防しようという配慮でもあると言えます。

重要なテリトリーを任されて、そのプレッシャーで仕事がうまくできなくなってしまう人もいます。その反面、あまり重要でないテリトリーを割り当てられて、その任務の気楽さから自分本来の持ち味を発揮して、良い営業成績を残す結果になる人もいます。

　テリトリーの再調整に伴う、営業員への対処方法についての研究[*48]では、再調整の結果売上が増加しそうな場合は、期待理論に基づく対処方法（期待通りに報奨を出すこと）が有効であるとされています。逆に、売上が下がりそうな場合には、公正に扱われていると感じさせるような施策が有効であることを報告しています。

　テリトリーの再調整は、営業員一人ひとりの時間とコストの無駄を削減することができます。その結果、部署・会社の営業員全員の時間とコストの削減にもつながります。これは全社的な視点から見ると、有効な業務効率化であると言えます。具体的な調整をおこなうことは、第 13 章で説明する業績評価と密接に関連してきます。

---

*48　Smith et al.（2000）

第9章

顧客管理

この章では、顧客管理について学びます。顧客の性質・属性はさまざまです。自社の顧客を適切に管理することは、営業活動を進めていく上で欠かせません。顧客管理のためは、顧客を適切に分類することが必要です。顧客分類は、営業組織のあり方や営業活動の業績評価に影響します。

◤顧客管理について

顧客管理は、顧客関係管理（**CRM**：Customer Relationship Management）のことで、一般的には頭文字を略したCRM（シーアールエム）と呼びます。顧客満足度を高めるために、顧客との間に良好な関係を築くことに重点を置いた経営手法です。CRMでは、企業と顧客との間の互恵的な関係を支える、企業内の複数の相互依存的なプロセスを重視し、業務に関するすべてのプロセス（プリセールス、セールス、サービス、あるいはマーケティング）において、企業と顧客の関係を深めることを目指します。

CRMの具体的な内容は、顧客の属性（年齢、性別など）、購買記録（購入頻度、購入金額）などの顧客に関する情報をデータベースに蓄積し、営業活動（ビジネス活動）に活用することです。さまざまな顧客情報を駆使することにより、顧客ごとにきめ細かい対応が可能になる点がポイントです。その際に、個別の販売履歴データを断片的に利用するのではなく、その他の顧客の固有情報を統合することによって、マーケティング活動の有効性と効率性を高めます。その結果、顧客体験（カスタマー・エクスペリアンス）を大幅に強化することができます。きめ細かい対応によって、顧客との間に信頼関係を構築し、信頼関係が顧客満足度につながります。満足度の高い顧客は、高い顧客ロイヤルティーを持ちます。高い顧客ロイヤルティーを持っている顧客は、高い収益性や大きな売上に繋がるので、

企業にとっての優良顧客となります。

　マーケティングでは、2000年頃からCRMの重要性が認識されてきました。企業が顧客を中核においたマーケティング活動を展開している場合、その企業の取り組みは、**CRMマーケティング**もしくは**リレーションシップ・マーケティング**（関係性マーケティング）と呼ばれます。企業側の担当者には、ブランド・マネジャーから顧客マネジャーへと、考え方を変化させることが求められてきました。新しい顧客志向というトレンドの中で、営業活動における顧客管理の重要性が増加してきました。

◤ 顧客に関する主要概念

▌ 顧客志向

　顧客管理（CRM）を実践する際に基本となる考え方が、**顧客志向**（Customer Orientation）です。志向（Orientation）とは活動の方向性というような意味です。したがって、顧客志向とは、ビジネス活動を展開する際に、顧客を優先して考えて行動することです。

▌ 顧客満足

　顧客に関連した、もう1つ重要な概念に**顧客満足**（**CS**：Customer Satisfaction）があります。顧客満足も、顧客志向に影響を受けます。企業は顧客を大切にすることによって、顧客の満足度を高め、自社に好意を持ってもらうことを狙います。最終的には自社に対する**ロイヤリティ**（**忠誠度**）の高い顧客になってもらうことが目的です。ロイヤリティの高い顧客は、企業にとっては理想的な顧客です。

　消費者の期待に応えることで消費者を満足させることは、企業活動の重要な側面です。満足した顧客は、反復購買の度合いが高く、企業の製品・サービスに対する肯定的な口コミの流布などの多くの方法で企業に利益をもたらしてくれるからです。企業にとって、顧客を満足させることは必須の課題です。しかし、どの程度まで満足させるかは、議論の対象となって

います。ある企業は、顧客はかろうじて満足していれば良いと考え、別の企業は、顧客の期待を満たす、あるいはそれ以上の努力をすることを目指しています。

顧客満足の理論では、満足は、確信や不確信があるかないかで決まると考えられています。具体的には、製品やサービスが期待された通りのものであった場合に確信が生まれます。製品やサービスの性能が期待よりも悪かった場合には否定的になり、期待よりも良かった場合には肯定的になるという、不確信が生まれます。

したがって、企業は、顧客の期待に影響を与えることも検討します。時には期待を下げて、より簡単に期待に応えられるようにすることが必要になります。そのためには、顧客満足度を適切に測定する方法を模索する必要があります。そうすることで、顧客満足度を高めるための施策を立案・実行し、評価することができます。

■ ワントゥーワン・マーケティング

顧客ロイヤルティーを高めるステップとして、**ワントゥーワン・マーケティング**と呼ばれる概念もあります。ワントゥーワン・マーケティングとは、企業が顧客一社ずつとの間に緊密な関係を築くことにより、顧客ロイヤルティーを高めようとするものです。その際に、顧客の**生涯価値**（**LTV**：Life Time Value）を用いて顧客分類をおこない、顧客管理に使います。

顧客管理の目的

CRMでは、その目的を明らかにしておくことが重要です。明確な目的を持たずCRMを展開すると、顧客の言うことを聞くだけになってしまいます。いきすぎた顧客重視は、健全なビジネス活動においては有害です。

顧客管理の目的は、大きく2つに分けられます（表21）。1つ目は**営業力の強化**につながる内容です。営業力の強化は、そもそも営業活動を展開する本質であるといってもいいでしょう。顧客ニーズを把握することは、

営業活動の基本です。その結果、顧客の深耕開拓（後述）を推進することが可能となります。また、顧客から新製品・サービスを導入した際のフィードバック情報を獲得することが期待できます。さらに、顧客の動向を正しく把握できれば、営業計画、予算の精度向上にもつながります。

顧客管理の2つ目の目的は、**収益面の側面**から考えられます。一般に、BtoB ビジネスの場合、契約が成立してもすぐに売上代金は回収されません。売り掛けといって、一定の期間が経過後に精算（振込み）されます。その間、相手の企業が倒産してしまえば、代金（売掛債権）の回収ができなくなります。そういったことが起こらないように、普段から顧客企業の状況について正しく管理しておくことが重要です。また、売り掛けの際の与信管理の精度を向上させることによって、迅速な取引が可能になります。

表21　顧客管理の目的

営業力の強化	収益の確保
●顧客ニーズの把握 ●深耕開拓の推進 ●新規製品・サービスへのフィードバック情報獲得 ●営業計画、予算の精度向上 ● CRM の推進・展開	●売り掛け管理、資金回収の徹底 ●与信管理の精度向上、業務効率化

顧客情報の収集

CRMで収集する顧客情報は、さまざまな手段で収集することができます。代表的な情報源は、以下のようなものです。

①外部情報源から入手する

●有価証券報告書

金融商品取引法という法律は、有価証券の発行者（株式を発行する企業など）に対して、有価証券報告書などの開示書類の提出を義務付けています（提出義務がある企業には一定の条件あり）。

　有価証券報告書には決算書に含まれる情報をはじめ、さまざまな情報が、いくつかのセクションごとに記載されています。（たとえば、「企業の概況」欄には、主要な経営指標などの推移、沿革、事業の内容、従業員の状況などが、「事業の状況」欄には、経営方針、経営環境及び対処すべき課題など、事業などのリスク、経営者による財政状態、経営成績及びキャッシュ・フローの状況の分析、研究開発活動などが記載されています）。こうした情報は有用です。取引先企業の有価証券報告書を入手することで、さまざまな情報を取得することができます。

●相手企業のホームページ

　今日では、ほとんどの企業がインターネット上に自社のホームページを開設しています。取引先企業のホームページも、貴重な情報源です。思いがけない情報が見つかるかもしれません。たまにはじっくり探してみるといいでしょう。

②調査会社

　企業を専門対象とする信用調査会社から情報を入手する方法もあります。代表的な調査会社としては、帝国データバンク、東京商工リサーチ、ランドスケイプ社などがあります。

③内部・関連先情報源

　対象企業の仕入れ先や販売先なども有効な情報源となります。その他の取引先（たとえば人材派遣会社やリース会社）などから、情報を収集できる場合もあります。こうした情報源からは、異なった視点からの情報が入手できるため、普段のビジネス上の付き合いとは違う側面がうかがえる可能性があります。

④営業員による収集

　忘れがちですが、自社の営業員による日々の営業活動における情報収集も重要です。営業員が客先を訪問した際の客先の様子や現場の雰囲気からは、書類やインターネットでは入手できない情報を得られる可能性があります。自分が担当しているからこそわかる、細かいニュアンスの情報は大変貴重な顧客情報と言えるでしょう。

ABC分析　顧客情報の分析

　顧客情報を収集したあとは、顧客を分類します。それぞれの顧客の割合について見ておくことは重要です。その際によく用いられるのが、パレートの法則、別名80：20の法則です。

　パレートの法則は、社会の中で広く観察される現象です。われわれの社会にありがちな、分布の片寄りをうまく表現していると言えるでしょう。パレートの法則によれば、20％の顧客が自社の売上げの80％を産み出している、ということになります。

　ABC分析は、パレート分析の一種であるともいわれています。パレート図を作成し(図27)、売上高の高い順に顧客をランク分けします(図28)。A、B、Cの3つのランクに分けるのでABC分析と呼びます[49]。

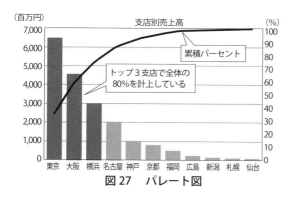

図27　パレート図

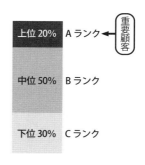

図28　顧客のランク付け

新規顧客開拓と深耕開拓

　営業活動における、顧客に対する働きかけには、2つの異なった方向があります。1つは、**新規顧客開拓**で、もう1つは、既存顧客の**深耕開拓**です。

---

[49]　名前は同じですが、後ろの章で出てくるABC分析（Activity Based Costing：活動基準原価計算）とは内容が違いますので、注意してください。

顧客カルテ

顧客情報を記録したものを顧客カルテと呼ぶ場合もあります。顧客カルテに収集する情報の内容について、参考として引用しておきます（表22）。

表22　顧客カルテの内容

①顧客自体	1) 組織概要 ・社名　　　・所在地 ・業種・業態　・創業 ・設立年月日　・資本金 ・従業員数　　・取引金融機関 ・電話・FAX番号 など 2) 経営全般 ・経営理念　・経営戦略 ・業界地位 ・経営者の経歴・人柄 など 3) 財務 ・資産状況（貸借対照表） ・業績（損益計算書） ・資金状況など 4) 営業 ・取扱商品・サービス ・営業エリア ・販売業種・業態 ・主要販売先	・営業方法など 5) 仕入・在庫 ・主要仕入先　　・仕入方法 ・仕入担当者など 6) 製造・製造方法 ・製造技術 ・生産量など 7) 人事 ・労使関係 ・教育訓練など 8) 購買関係 ・購買傾向─方針・目的・頻度・ 　時期・継続性など ・購買組織─部門・課、本社と支 　店の関係など ・購買決定権─購買のプロセス・ 　決定関与者・最終決定者 ・購買担当者─職歴・性格・趣味 　など
②顧客の環境	1) 事業における市場状況 2) 事業における顧客状況	3) 事業における競合状況 4) 事業におけるマクロ環境状況
③自社との取引実績	1) 営業履歴 ・販売年月日 ・販売商品・サービス ・販売商品・サービスの金額・ 　数量など 2) 損益・シェア推移 ・売上高 ・粗利益 ・粗利益率 ・インストアシェアなど 3) 回収推移 ・売掛債権残高	・売掛日数 ・回収率 など 4) 競合状況 ・競合企業の概要（社名、所在地、 　年商など） ・競合企業の納入商品・提供サー 　ビスとその金額・数量 ・競合企業の強み・弱み など 5) その他 ・契約書締結の有無 ・担保状況

出典：営業管理研究会『営業管理実務』産能大出版部（2004）

■ 新規顧客開拓

新規顧客開拓は、文字通り新しい顧客を開拓することです。新規顧客を開拓することの重要性は言うまでもありません。その背景には、既存顧客は時間の経過とともに自然に減っていくという事実があります。

ワントゥーワン・マーケティングの発想では、新規顧客よりも既存顧客の方を優先するという考え方があります。しかしながら既存顧客のみを対象としていると、営業の売り上げ規模は徐々に減少してしまいます。顧客ベースの減少傾向を食い止め営業成績を増加させるためには、新規顧客の開拓が不可欠です。これが、新規顧客開拓が重要である理由です。

新規顧客開拓によって売り込むものは2つあります。1つは自社の製品あるいはサービスです。もう1つは担当する営業員個人そのものです。

1つ目の自社の製品サービスについては特に説明する必要もないでしょう。顧客にとっては自社の製品やサービスはこれまでに購入したことがない製品やサービスです。したがって、その特徴を正しく伝え、自社の製品やサービスを利用するメリットを顧客にしっかりと理解してもらうことが重要になります。

次に営業員の売り込みです。特に、取引先の日常の営業活動の際の窓口になる相手企業の担当者との間で、人間的に好ましい関係を作り上げることが重要です。相手担当者と自社営業員の良好な関係は、その後のビジネス上の取引を円滑に進める上で欠かせません。

新規顧客開拓の際には、目先の利益のみを追求するのではなく、長期的

表23　新規開拓で利用できる営業ツール

自社の売りこみの ための営業ツール	商品の 売り込みのための 営業ツール	営業パーソンの 売りこみのための 営業ツール	その他の 営業ツール
●会社案内 ●新聞・雑誌の紹介記事など	●カタログ ●価格表 ●事例集など	●名刺	●提案書プロポーザル ●紹介状など

出典：営業管理研究会『営業管理実務』産能大出版部（2004）

な視点に立った関係性の構築が求められます。特に BtoB 営業の場合は、このような長期的な関係性の構築という視点が不可欠です。

■ 深耕開拓

　既存顧客の**深耕開拓**とは、既存顧客からの売上を増やすことです。そのためには、既存顧客の購買頻度を増やす努力をするか、既存顧客が一度に購入する購買数量を増やすかです。両方を追求することもあります。結果として、既存顧客からの売上増加につながります。深耕開拓は、既存顧客に対する営業活動の中で、極めて重要な活動内容です。

　深耕開拓を狙うことは、営業活動としては当たり前ですが、意識的におこなわないと効果的ではありません。既存顧客の深耕開拓の意義について、営業員が十分に理解していることが重要です。

　深耕開拓のメリットは、以下のようなものです。

①収益の安定化

　深耕開拓によって、既存顧客との間に良好な関係が構築されると、既存顧客からの収益が安定化する。

②計画の精度向上

　企業における各種計画（売上予算などの計画性など）の精度が上がる。

③営業効率の向上

　効果的な売り上げを達成できることから、営業効率が向上します。結果的に、客先への訪問が効率的になる。

④意見やアイデアの獲得

　良好な長期的関係を築いた顧客からは、新製品開発や既存商品の改善に関する、貴重な意見や有効な意見を得られることがある。

⑤価格の安定化

　長期的な関係を築いた顧客との間では、価格についてそのつど価格交渉をする必要がないため、一定の安定した価格で販売できる。また、営業活動が効率的になるのと同時に、収益性を安定させることができる。

顧客分類

顧客分類では、顧客の属性を2次元マトリックスで分類するものがよく用いられます。たとえば、Le Bon と Hevman は次のように、顧客ロイヤリティと収益性の2軸で分類しています。ここでの顧客ロイヤルティーとは、購買頻度が高いことです（図29）。

それぞれの顧客の属性を説明します。

●蝶

収益性は高いけれど、顧客ロイヤルティーが低い。相見積もり目的の場合が多く、少しでも有利な条件を引き出そうとする。

●見知らぬ人

収益性も顧客ロイヤルティーも低い。一見さん。

●友人

収益性が高く、顧客ロイヤルティーも高い。理想的な顧客。

●ハゲタカ

顧客ロイヤルティーは高いが、収益性が低い。常連客だがいつも値引きを要求する。

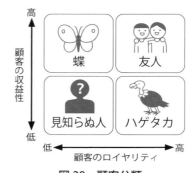

図 29　顧客分類

出典：Le Bon and Hevman（2015）

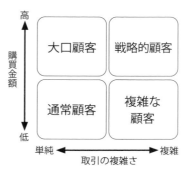

図 30　顧客の規模と複雑さによる分類

出典：Ingram et al.（2020）

異なった顧客分類をもう1つ紹介します（図30）。顧客の規模と取引の複雑さによる分類です。

顧客の可能性と競争の度合いによる分類も可能です。この分類では、顧客タイプごとに得られる機会と、それに対応する顧客へのアプローチ方法が説明されています（表24）。

表 24 顧客の可能性と競争力による機会とアプローチ戦略

		競争力	
		強い	弱い
顧客の可能性	高い	**機会** ●この顧客には良い機会がある。潜在的な可能性が高く、営業組織がサービスを提供する上で優位性がある。 **戦略** ●機会を生かすために営業資源を大量に投入する。	**機会** ●顧客は良い機会であるかもしれない。この機会を生かすためには、営業組織が競争上の不利を克服し、ポジションを強化する必要がある。 **戦略** ●高いレベルの営業資源を投入してポジションを改善し、機会を活用するか、他の顧客に資源をシフトするか。
顧客の可能性	低い	**機会** ●この顧客は、営業組織がサービスを提供する上で差別的な優位性を持っているため、安定した機会となる。 **戦略** ●現在の優位性を維持するために、中程度の営業資源を割り当てる。	**機会** ●機会が少ない顧客。潜在的な可能性は小さく、営業組織はこの顧客へのサービス提供において競争上不利な立場にある。 **戦略** ●最低限の資源を投入するか、その顧客を完全に放棄することを検討する。

出典：Johnston and Marshall（2020）

顧客を表す英単語

　顧客という用語に関連して、英語では状況によって使用する単語が異なっています。顧客といえば、Customer が思い浮かびます。たとえば、CRM や顧客志向の場合は Customer です。顧客分類の場合には、Account という用語を用いています。こちらは、取引口座というニュアンスでしょうか。人間として考える場合は Customer、ビジネス取引のような抽象的な場合は Account、という使い分けです。

　日本語で顧客管理という場合には、ニュアンス的には Customer というよりは Account の意味が強いようです。

顧客分類と営業組織の関係

■ 特別な顧客とその管理

　ここまでで、顧客管理の重要性について学びました。顧客管理の中でもう１つ大事なことは、特別な顧客をうまく管理することです。特別な顧客とは、基本的には大口顧客を指します。

　特別な顧客を管理する場合には、一般の顧客を相手にするときとは異なった考え方が必要です。それが、**戦略的顧客管理**（Strategic Account Management：**SAM**）という考え方です。SAMは、通常の営業部門とは別に、自社にとって重要な顧客を担当する専門の部署を作ります。その他、大口顧客である主要顧客[*50]を対象とする場合（Key Account Management：KAM）や海外顧客を対象とする場合（グローバルアカウント、Global Account Management：GAM）にも同じように考えます。

　SAMを実践するためには、戦略面、業務面、人的側面の３つの側面における相性が重要であるという指摘がされています[*51]。また、社会交換理論に基づいて、SAMの成果を出すためには、社内的協調と社外的協調の両方が重要であるという指摘もあります[*52]。協調の内容は、情報共有、共同作業、チームとして協働する、業務改善の意志決定を一緒にすることなどです。

■ 戦略的顧客と担当組織（チーム）

　戦略的に重要なアカウントを管理することは、企業にとって大きな関心事です。特別な顧客への対応では、営業組織の考え方も変える必要があります。一般的な考え方は、特別の専任チームを組織して、そのチームに特別顧客の担当を任せるやり方です。この背景には、前のところで出てきた

---

*50　主要顧客とは、日本の外商（特にデパート業界に多い。コラム参照）に相当するイメージです。
*51　Richards and Jones（2009）
*52　Murphey and Coughlan（2018）

パレートの法則があります。

　戦略的顧客の担当として、専任チームと流動的チームについて概念化し比較した結果、流動的チームの方が売上が増加する反面、必要経費は削減されるとする研究があります[53]。その中では、戦略的顧客チームの構造を決定する要因として、「経済的利益のパターン」と「必要とされる専門知識の性質」を用いて整理しています（表25）。また、主要顧客を維持していくためにはチーム営業が有効であり、そのためにはチーム内での相互依存と顧客志向による結びつきが大切であるとする研究もあります[54]。

表25　戦略的顧客チームの決定要因

決定要因	専任チーム	流動的チーム
経済的利益のパターン	安定的	散発的
必要とされる専門知識の性質	一貫している	高い変動性がある

出典：Bradford et al.（2012）より著者作成

外商とは

　日本では特別な顧客のことを、外商と呼んで取り扱ってきた経緯があります。外商とは、店舗で販売するのではなく、顧客（企業や個人）先に出向いて、商品やサービスなを販売することです。外商営業とか外売（ソトウリ）などともいわれます。外商の対象となる顧客は、購入数量や購入金額が大きい、高額商品を購入する、などの特徴があります。また、固定客として引き継がれ、取引期間が長期にわたる場合がほとんどです。特にデパート業界では、古くから専門部門を置いて対処してきました。その他、宝飾品や服飾関連でも、外商制度を取り入れています。

---

*53　Bradford et al.（2012）
*54　Lai and Yang（2017）

顧客ハラスメント

　顧客との関係における接待などの場における振る舞いなどについても注意する必要があります。特に顧客側からのハラスメント（サードパーティ・ハラスメント：社外の人によって引き起こされたセクハラなどのハラスメントのこと）に対しては、毅然とした態度で向き合うことも重要です。

第10章

営業管理と情報技術

営業管理と情報技術

この章では、情報技術と営業活動の関係について学びます。情報技術には、ハードウェアとしての情報機器（PCやスマホ）、各種ソフトウェア・ツール、通信環境やインターネット上のプラットフォーム・サービスなどが含まれます。情報技術の活用で営業部門とマーケティング部門の連携が、スムーズに進むこともあります。

ビジネス・インテリジェンスとコンペティティブ・インテリジェンス

ビジネス・インテリジェンス（BI：Business Intelligence）は、ビジネス活動で情報技術を活用することによって形成されます。BIを用いると、ビジネス活動に関する過去・現在・未来（予測）の状況を把握できるようになります。BIの主な機能としては、報告書作成、オンライン分析処理、分析、ダッシュボード開発、データマイニング、ビジネスパフォーマンス管理、ベンチマーキング、テキストマイニング、予測分析、予測分析などがあります。

コンペティティブ・インテリジェンス（CI：Competitive Intelligence）とは、同業他社よりも高度なBIのことです。複数の情報源から体系的に情報を収集・分析します。CIを用いると、企業は競合他社、顧客、見込み客の潜在的な動きなどに関する情報を入手できます。その情報を用いて、企業は事業予測をしたり意思決定をおこなったりします。CIは、経営上の意思決定の際に、経営者や管理者を支援するためのツールです。

BIとCIは、どちらも企業における意思決定を支援している点でよく似ています。BIとCIの違いを一言で言えば、BIが自社内の業務に焦点を当てているのに対して、CIは、外部の関係者（ステークホルダー：競合他社、顧客）の動向に焦点を当てている点にあります。BIでは自社内のビジネス・

プロセスを分析するために、さまざまなツールを用いて蓄積されたデータを分析します。一方、CIでは、主に競合他社の動向に焦点を当てて、情報の収集や分析をおこないます（図31）。

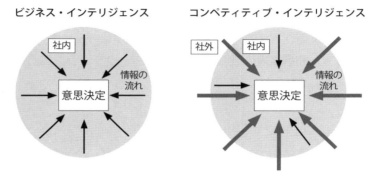

図31　ビジネス・インテリジェンスとコンペティティブ・インテリジェンス
（矢印は情報の流れ）

■ 営業員の役割

　CIに関して重要な役割を果たしているのが、営業員です。営業員は、**バウンダリー・スパナー**や**フロントライン**と呼ばれるように、自社と外部との間（境界：バウンダリー）に立って監視する役割（boundary-spanning role）を果たしています。営業員は、情報収集に重要な役割を果たす一方で、外部環境との関係において組織の最前線にいるため、そこで起きていることに関する情報ニーズが高いことにも留意する必要があります。会社が広く市場に関するCIを持たなければならないのと同様に、営業員自身も自分が担当する顧客、競合他社、業界状況に関するCIを獲得し、活用しなければなりません[55]。また、この場合には、営業員とマーケティング部門との間で、うまく共同し集合知（Collective Intelligence）を形成する必要があります[56]。

*55　Rapp et al.（2011）
*56　Le Bon（2014）

セールス・テクノロジーの役割と導入

■ セールス・テクノロジー

セールス・テクノロジーの定義を以下に示します[57]。

営業組織が、情報技術やコミュニケーション技術を用いて、自部門の本質的な活動を実践すること

■ セールス・テクノロジー志向（Sales Technology Orientation）

なぜ、営業活動にセールス・テクノロジーを導入する必要があるのでしょうか。Hunter ら（2006）の研究では、大手消費財メーカーのデータを用いた分析の結果、セールス・テクノロジー志向が強い営業員は、社内での役割遂行に直接的な影響を与えることを明らかにしています。顧客に対しても、情報の有効活用とスマート・セリング行動[58]（活動計画とアダプティブ・セリング）によって、業績に好影響を与えていました。

また、セールス・テクノロジー志向には、世代ごとに差がある（若い世代ほど積極的）ため、営業員が担当する顧客を割り当てる際には、営業員の年齢（経験）と顧客側のセールス・テクノロジー志向への反応を考慮する必要があることを、営業管理者に対して指摘した研究もあります[59]。

■ セールス・テクノロジーの役割

セールス・テクノロジーの役割は、次の3つです。

①企業と顧客の間のインターフェース機能をサポートする。

②営業管理活動をサポートする。

③営業活動をサポートする。

---

[57] Panagopoulos（2010）
[58] Smart-Selling は Sujan（1986）が提唱した概念。
[59] Hunter and Perreault Jr.(2006)

最初の、企業と顧客の間の**インターフェース機能**のサポートは、顧客との間の取引の自動化を狙っています。受発注やＥＤＩのような処理がそれに該当します。したがって、一人ひとりの営業員ではなく、全社的な取り組みとなります。

　次の**営業管理活動のサポート**は、おもに営業管理者向けの内容となります。このサポートによって、営業管理者は、営業組織全体を対象として、セールスフォース（営業力）の効率的な管理を実現できます。

　最後の**営業活動のサポート**は、営業活動を実践するためのものです。この対象となるのは、一人ひとりの営業員です。またセールス・テクノロジーは、バーチャル・オフィスやリモート勤務といった、新しい勤務形態を生み出してきました。

　これら３つの対象に含まれる具体的な処理を、表26に示します。

■ セールス・テクノロジーの導入

　セールス・テクノロジーの導入は、図32のプロセスを経て実施されます。このプロセスは、大きく３つの段階を想定しています。①導入前段階、②導入段階、③導入後段階です。また、関連する当事者を、①会社レベル、②営業員レベル、に分けて整理しています。

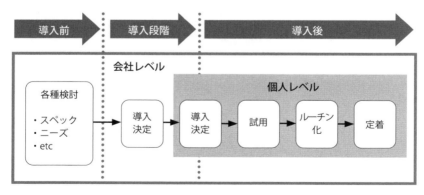

図32　セールス・テクノロジーの導入プロセス

出典：Panagopoulos（2010）に加筆修正

表26　セールス・テクノロジーが支援する3つの対象と具体例

インターフェース 機能のサポート	営業管理活動のサポート	営業活動のサポート
●コミュニケーション ●ドキュメントの交換 ●情報伝達・交換 ●在庫管理 ●注文の管理と処理 ●支払処理 ●顧客へのサービス	●顧客管理 ●顧客情報の分析 ●顧客とのコミュニケーション ●営業担当者や本社とのコミュニケーション ●コストと売上の分析 ●顧客戦略の策定 ●販売報酬の設計 ●セールス・プレゼンテーションの作成と実施 ●セールスフォースのパフォーマンスの評価 ●同僚や顧客とのネットワーク ●営業員の採用と選択 ●営業組織のサイジングと配置 ●営業員のトレーニング ●販売予測 ●セールス・プロセスの管理 ●顧客情報の収集 ●目標と予算の設定 ●表計算 ●テリトリー設計 ●文書作成	●顧客管理 ●顧客情報の分析 ●在庫確認 ●価格の確認・設定 ●顧客とのコミュニケーション ●本社・営業本部とのコミュニケーション ●経営陣との連絡 ●セールス・プレゼンテーションの作成と実施 ●経費報告 ●見込客／案件管理 ●同僚や顧客とのネットワーク ●注文の管理と処理 ●入札書／提案書の作成 ●書類や製品情報の取得 ●客先訪問計画とルーティング ●客先訪問報告 ●顧客情報の検索 ●表計算 ●顧客情報のアップロード／ダウンロード ●文書作成

出典：Panagopoulos（2010）

　時間の経過とともに、セールス・テクノロジーの状況も変化します。会社レベルでの**導入決定**のあと、営業員個人レベルでの導入決定がなされます。営業員レベルの導入決定とは、会社が決定して導入したセールス・テクノロジーを認めるかどうか、ということになります。つまり、これまでの自分のやり方を変えて新しいセールス・テクノロジーを用いるか用いないかです。会社の方針におおっぴらに反対できない場合は、営業員は面従腹背的な対応（サボタージュ）をすることもあります。

　次の段階に移ると、セールス・テクノロジーがを実際に少しずつ使われるようになります（**試用**）。その結果、新しく導入されたセールス・テクノ

ロジーを使った方が、これまでの仕事よりもパフォーマンスがいいとわかると、努力して使いこなそうとする次の**ルーチン化**の段階に入ります。最終的に営業員がセールス・テクノロジーを日々の業務でルーチンとして使うようになれば、普段の営業活動に取り込まれたことになります。この段階に達して初めて、その組織におけるセールス・テクノロジーの導入が終わったこと（**定着**）になります（図32）。

マーケティング・オートメーション（MA）

マーケティング・オートメーション（**MA**：Marketing Automation）とは、マーケティング部門や関連部署が、オンライン上の複数のコミュニケーション手段（Eメール、ソーシャルメディア、ウェブサイトなど）を用いて、効果的にマーケティングをおこなうためのソフトウェアや情報技術のことです。マーケティング・オートメーションは、マーケティング活動における定期的・反復的な作業を、情報技術を用いて自動化します。

マーケティング・オートメーションの目的は、営業活動およびマーケティング部門の活動を効率化することです。業務内容のタスクやプロセスの終了条件を設定し、それをソフトウェアが解釈・保存・実行することで業務効率を高めます。手作業を省くことによって、人的なミスを減らすことができるというメリットがあります。

マーケティング・オートメーションの特徴は、ダッシュボードと呼ばれる機能にあります。ダッシュボードには、すべてのマーケティングキャンペーンに関する情報が表示され、各キャンペーンを計画、調整、管理、測定することができます。それによって、生成されたリード（見込顧客）を綿密に管理・育成し、リードを顧客に転換することを目指します。

その他、マーケティング・オートメーションにはさまざまな機能があります。具体的な機能は、マーケティング・オートメーションツールを提供するベンダーによっても異なっていますが、一般的な機能としては、以下のようなものがあります。

①見込客の発見と管理

②顧客のセグメンテーション

③リレーションシップ・マーケティング

④クロスセル（関連商品販売）とアップセル（上位商品販売）

⑤マーケティングROIの測定

　マーケティング・オートメーションを効果的に用いるためには、顧客属性情報についての活用ノウハウが必要です。また、営業員によるその後のフォローアップ活動の必要がないので、購入金額が少ない個人消費財の場合にはあまり向いていません。

　マーケティング・オートメーション・ツールの代表的なベンダーを以下にリストアップします。この分野は変化が激しく、M＆Aも活発におこなわれています。

● Marketo

　米国のアドビシステムズが提供するＭＡツール。当初は、マーケティング専業ベンダー「Marketo,inc」により提供開始された。2018年にアドビシステムズにより買収された。

● Pardot

　米国のセールスフォース・ドットコムが提供するＭＡツール。世界No.1 CRM／ＳＦＡツール「Salesforce」と連携できることや、Pardot EinsteinというＡＩの搭載を特徴としている。

● List Finder

　日本のInnovation & Co.が提供するＭＡツール。低価格（月額3万円台〜）、無料の活用コンサルティングを特徴としている。

● Mautic

　世界初のオープンソース・マーケティング・オートメーションソフトウェア（Ｅメール、ソーシャルなど）。自分のサーバーにダウンロードしインストールするか、無料のホスティング・アカウントを作成できる。

![icon] セールスフォース・オートメーション（SFA）

　セールスフォース・オートメーション（ＳＦＡ：Sales Force Automation）は、通常の営業活動をサポートするための情報技術を活用することであり、その中には、営業員の管理業務を支援するツール群が含まれます。そうしたツールを用いると、反復的で定型的な業務が自動化されるため、営業員はより効率的に業務を遂行できるようになります。たとえば、四半期ごとの自動営業報告書の作成や予定管理機能などがあります[60]。

　ＳＦＡの本質は、情報を獲得することと獲得した情報を保存・蓄積すること、およびその活用です。ＳＦＡは、営業プロセスのすべての段階を自動的に記録しています。また、コミュニケーション機能もあり、遠方の顧客とメールや携帯電話で連絡を取り合ったり、顧客からの注文を簡単かつタイミング良く受け取ったりすることができます。さらに、カレンダー機能やルーチン業務管理ツールを使うことによって、営業員の無駄な時間を削減し、通常の勤務時間中の生産性を向上させることができます。

　また、ＳＦＡには、住所録や電話帳に登録された潜在的な顧客や関連製品の顧客をリストアップするセールスリード追跡機能なども含まれています。その他、売上予測、受注管理、製品知識などの要素が含まれます。進化したＳＦＡシステムでは、オンラインの製品構築システムを使って、顧客が実際に製品をモデル化してニーズを満たすことができる機能を備えています。これは自動車業界では一般的になってきており、顧客は色や内装（本革シートと布張りシートの違いなど）などをカスタマイズすることができます。

　ＳＦＡは、企業のＣＲＭシステムの一部として導入されており、実際には統合されて運用される場合が多くなっています。ＳＦＡシステムの効果的運用に不可欠なのは、社内の異なる部門間での全社的な統合です。ＳＦＡには顧客との接点（コンタクト）情報管理システムが含まれており、特定

---

*60　Agnihotri and Rapp（2010）

の顧客に行われたすべての接触、接触の目的、必要なフォローアップなどを記録します。これにより営業活動が社内で重複しないようにします。もしＳＦＡシステムがすべての部門に採用され、適切に統合されていなければ、コミュニケーションが不足し、異なる部門が同じ目的のために同じ顧客に連絡することになるかもしれません。顧客にこうした不快感を与えるリスクを軽減するためには、顧客サービス管理をおこなうすべての部門でＳＦＡを統合して運用する必要があります。

CRM システム

CRM（Customer Relationship Management：顧客関係管理）システムは、企業やその他の組織が顧客との関係を管理するためのシステムです。ＣＲＭシステムは、企業の Web サイト、電話、電子メール、ライブチャット、マーケティング資料、最近ではソーシャルメディアなど、さまざまなコミュニケーション・チャネルからデータを収集します。これにより、企業はターゲットとなる顧客についてより深く知ることができます。その結果、顧客のニーズに応える最善の方法を知ることができるため、顧客を維持し売上を伸ばすことができます。ＣＲＭシステムは、過去の顧客、現在の顧客、または潜在的な顧客に対して使用することができます。組織にとってＣＲＭシステムは、情報技術（ＩＴ）を活用して、包括的な顧客データベースを構築するためのツールであると言えます。

　ＣＲＭシステムで用いられるデータベースは、リレーションシップ・データ（顧客との交渉・接触記録、顧客の購買履歴など）と分析データ（顧客属性、購買見込予測など）の両方を記録します。それらのデータを用いて、企業は顧客との相互関係の管理、ワークフローの迅速化、機会の予測、収益の増加、コストの削減などに取り組むことができます。あるいは、ビジネス分析データとして、顧客が購入する製品の量やサービスを提供するためのコストを見積もったり、最も重要な顧客を特定したりします。また、こうしたデータをサプライチェーン管理にも活用し、どのサプライヤーが最も妥当

な価格で高品質な製品を納期通りに提供しているかなどを評価することができます。CRMシステムの機能には、業務的（オペレーショナル）な側面と、分析的な側面があります[*61]。

CRMシステムの導入に関しては、さまざまな面での検討が必要です。導入のアプローチをトップダウンでおこなうかボトムアップでおこなうかも、検討事項の1つです。販売状況が比較的単純な場合は、トップダウン・アプローチを取り、複雑な状況の場合はボトムアップ・アプローチを取ることが望ましい、と主張する研究者もいます[*62]。

CRMシステムは、近年ではさらに進化して顧客を捉える**顧客体験管理**（CXM：Customer Experience Management）の一環として考えることもあります。CXMでは、顧客の感情や体験なども対象に、顧客との間の長期的な関係構築を図ります。その背景には、スマホなどのモバイル端末の普及により、従来以上に顧客との連携が取りやすくなっているという事情があります。

◤ MA・SFA・CRM システムの関係

マーケティング・オートメーションは、CRMシステムの一部分という見方もできます。SFAも同様です。ここでは、MA、SFA、CRMとの間の役割分担について説明します。その前に、カスタマー・ファネルという概念について押さえておきましょう。

■ カスタマー・ファネル／パーチェス・ファネル

カスタマー・ファネルとは、図33のような漏斗のような構造で、顧客のステータス（購買に至る状態）を整理する概念です。幅広く集められた見込み顧客を、段階ごとに絞っていき、最終的には購買に至る見込が高い顧

---

*61　Tanner et al.（2005）
*62　Ahearne et al.（2012）

客に絞り込んでいくことです。最上層から一番下まで、潜在的顧客数がだんだんと絞り込まれて細くなっている様子が漏斗のように見えることから、ファネルと呼ばれています。

　一番上の層は、潜在的な顧客層です。ホームページなどへの訪問者が該当します（**①リード・ジェネレーション**）。リードとは見込顧客のことです。ここから、訪問者の属性（勤務先、部署、肩書きなど）や行動（資料請求したか、セミナーに参加申し込みをしたか）によって、絞り込みます（**②リード・ナーチャリング**）。さらに検討を加え、一定の要件を満たすと認められる顧客は、マーケティング部門から営業部門に引き継がれます（**③リード・クオリフィケーション**）。その後、対象となる見込顧客に営業部門が営業活動をおこない、成約に至ると本当の**④顧客**になります。

　なお、最近では、顧客目線に立って**パーチェス・ファネル**（購買ファネル）という概念も使われています（図34）。その場合は、マーケティングのAIDMAの法則に則って、見込み客の購買行動（「認知」「興味・関心」「比較・検討」「購入」）の４つの段階に焦点をあてます。

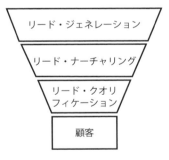

図33　カスタマー・ファネル

図34　パーチェス・ファネル

■ MA・SFA・CRM システムの役割分担

　MA・SFA・CRMシステムの役割分担について見ていきましょう（図35）。

　一連のプロセスは、まずマーケティング活動から始まります。見込み客の開拓です。おもに、宣伝広告や各種セミナーなどの開催によって、見込み客をできるだけ多く開拓しようとします。こうしたセミナーの申し込み登録の際には、メールアドレスや勤務先などの情報が集められます。これは資料請求の場合でも同様です。

　次に、インサイドセールス（次章参照）の働きによって、見込客と初期接触をします。見込客を選別し、優秀な見込客に育ったところで（リード・ナーチャリング）、営業にバトンタッチします。

　営業では、引き継いだ優良見込客（リード・クオリフィケーション）に対して、営業活動を展開します。アポイントメントを取って商談につなげ、顧客ニーズの把握・提案・交渉・契約、といった一連の営業活動を実施します。

　営業活動が功を奏し購入までこぎ着けた段階で初めて、それまでの見込顧客は顧客（新規顧客）となります。顧客になった後は、CRMの出番です。顧客情報の管理を通じて、その顧客のLTV（生涯価値、第9章参照）をできるだけ高めるよう努力をします。また、ワン・トゥー・ワン・マーケティ

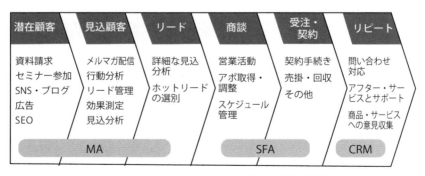

図35　MA・SFA・CRM システムの役割分担

ングによって、顧客との間の関係性向上を図り、顧客ロイヤルティーを高める努力をします。

　それぞれの目的の違いをまとめたのが図36です。マーケティング・オートメーションは案件数を増やしていくツールであると言えます。このためマーケティングという名前がついていますが、各営業員が新規客を獲得する（または効率的に知る）現場のためのツールであると言えるでしょう。ＳＦＡは営業管理を強化することによって営業部門全体を最適化するツールです。営業部門の管理者のためのツールであると言えるでしょう。そして、これらＭＡとＳＦＡのあとにひかえる形で、ＣＲＭが全社的に導入されています。ＣＲＭでは、成約後の顧客を支援することにより、リピート注文につなげることが狙いです。

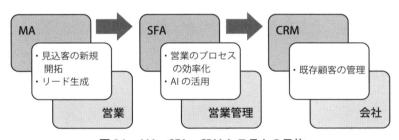

図36　MA・SFA・CRM システムの目的

リモート営業の出現

　2020 年に世界中で発生したコロナ禍により働く環境は大きく様変わりしました。そこで出てきたのが、Zoom などのオンライン会議ツールを用いたリモート営業です。リモート営業をおこなう場合には、社内の各部門で仕事の分業化がおこなわれることがあります。営業職の仕事を分業化した例について、以下に挙げておきます。

■ 営業職の仕事を分業化した例

● マーケティング

マーケティング活動に関しては、メルマガを発行したり、DMによる顧客への接触、自社サイトやWEB広告などによって、新規顧客からの問い合わせを促進し、顧客情報の獲得を狙います。獲得した顧客情報を使って、営業訪問リストを作成します。

● インサイドセールス

次の章で詳しく触れますが、最近ではインサイドセールスの取り組みが急速に広がっています。インサイドセールス部門では、問い合わせてきた見込み顧客への対応をおこないます。また、いわゆるテレアポによって新規顧客の開拓もおこないます。顧客情報をもとにして、自社の製品情報やノウハウ・事例などの情報提供をおこないます。その後、DMやメールなどで見込客と接触し、自社製品・サービスに対する顧客の関心を育てます。

● 営業部門

インサイドセールスの結果は、営業部門に引き継がれます。自社製品・サービスに対する、購買意図が高そうな見込客に対して、客先訪問などを通じて直接接触することを試みます。その後、ビジネス提案から交渉のクロージングを経て成約を目指します。成約後は、初期サポートやその後の対応の窓口になります。

DX と RPA

近年になってよく耳にする、新しい情報技術についても触れておきましょう。

■ DX

デジタル・トランスフォーメーション（Digital transformation：DT or **DX**）の動向は、営業活動に影響するでしょう。DXは、「情報技術が浸透することによって、人々の生活があらゆる面でより良い方向に変化する」とい

う考え方です。ビジネス分野では、企業が情報技術を利用して、事業の業績や事業領域を根底から覆すような変化がおこる、と解釈されています。

DXでは、デジタル技術を採用してサービスやビジネスを変革します。まず、デジタル化されていない業務プロセスや手動でおこなっている業務プロセスを、デジタルプロセスに置き換えます。また、古いデジタル技術を新しいデジタル技術にアップデートします。デジタル・トランスフォーメーションの一例として、クラウド・コンピューティングの活用が挙げられます。営業活動において、飛び込み営業が減りリモート営業が増えているということも、DXの一例であると言えます。

■ RPA

営業員の内勤については、**ロボティック・プロセス・オートメーション**（**RPA**: Robotic Process Automation）が影響するでしょう。RPAは、ソフトウェア・ロボット（ボット）やデジタル・ワーカー（人工知能）によって実現する、ビジネス・プロセス自動化の取り組みです。従来の業務フロー自動化ツールに比べて、ＧＵＩ（グラフィカル・ユーザー・インターフェース）を多用しています。そのため、ユーザー自身がタスクを繰り返すことで自動化を容易に実現できます。

RPAは、特にBtoB営業においてその影響が大きいと思われます。顧客側も営業員からの接触を待っているだけではなく、自分達に必要な製品やサービスを提供している企業を探索し、その企業の営業員に接触を要求するようになるでしょう。

また、商談のアポ取りに関しても、大きく変わる可能性があります。従来は、営業が顧客に連絡をしてアポイントメントをとっていました。これからは、顧客がエージェントと呼ばれるソフトウェアを使って、営業員の空いている時間帯を検索して、自動的に予約を入れるようになるかもしれません。全く逆の発想による、新しいアポイントメントの取り方であると言えるでしょう。一部のＳＦＡでは、顧客側からの予約を可能にするオンラインカレンダーという機能がすでに実装されています。

第11章

新しい営業活動のスタイル

　この章では、新しいスタイルの営業活動について学びます。特に注目すべき点は、インサイドセールスです。以前から広がりを見せていたインサイドセールスですが、2020年に世界的に蔓延したコロナ禍の影響によって、普及が加速しています。また、コロナ禍の状況に対応した営業活動として、リモート営業についても学んでおきましょう。

◤ インサイドセールスとは

　インサイドセールスは、見込み顧客に対して遠隔から働きかける新しい営業手法です。2020年のコロナ禍により、多くの人がリモート勤務を余儀なくされました。その影響で増えたリモート営業（後述）は、インサイドセールスの一種であるとも言えます。インサイドセールスは、それ以前からデジタル化の進展などにより注目され、少しずつその取組が拡大されてきました。また、働き方改革による労働慣行の変化やDXなどの新しい動きも、インサイドセールスの普及を後押ししてきました（図37）。

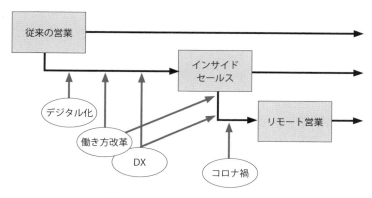

図37　インサイドセールスの発展

インサイドセールスは次のように定義されます[63]。

インサイドセールスとは、さまざまな技術的支援システムを使うことによって可能となった、遠隔地のオフィスから、販売サイクル全体にわたって高度に専門化されたサービスを提供する、費用対効果の高い販売アプローチのこと

インサイドセールスという言葉は、テレ・マーケティングやテレ・セールスと区別するために、1980年代後半に生まれたとされています。インサイドセールスという場合には、より複雑でコミュニケーションの密度が高いオンライン・ベースの企業間（BtoB）や消費者間（BtoC）の電子商取引（EC）活動を意味しています。従来の対面営業（アウトサイドセールス）と区別するための言葉として1990年代後半から2000年代初頭にかけて使われるようになりました。

通常の営業活動は、客先のオフィスを訪問することが中心です。こういった営業活動のことを**対面営業**（アウトサイドセールス）や**外勤営業**（フィールド・セールス）と呼んでいました。これに対してインサイドセールスでは、電話やメール、チャット、WEB会議システム、SNSなどを用いて、顧客と接触します。従来の営業活動（いわゆる外勤営業）は、社外に飛びしておこなう対人接触型であるのに対して、インサイドセールスは、社内からおこなう遠隔（リモート）型です。

営業員がオフィス内部で内勤しているインサイドセールスは、日本語にすると内勤営業になります。内勤営業というと受け身の印象が強くなりますが、インサイドセールスといった場合、ITツールを活用した積極的な活動を展開します。ちなみに、昔は内勤営業と言えば、主に女性社員が担当していました。外勤営業をする（男性）営業員のサポート業務（資料整理、スケジューリング、電話応答など）が主な仕事でした。

---

[63] Homburg et al.（2021）

インサイドセールスの本質は、端的に言えばリモート・セールスである
ことです。最近では、バーチャル・セールスやプロフェッショナル・セー
ルスなどと呼ばれることもあります。

インサイドセールスの利点は、フィールド・セールスに比較すると顧客
獲得コストが有利な点です。顧客との一件の面談に対して発生するコスト
には、客先までの往復の移動時間、面談の準備時間、面談時の本題に入る
前の雑談時間など、が含まれます。インサイドセールスでは、面談の準備
時間や移動時間などを削減できますから、フィールド・セールスと比較を
すると、顧客獲得コスト（ＣＰＡ：Customer Price of Acquisition）が有利になり
ます。

インサイドセールスが機能する仕組み

そもそも、どうやって客先に訪問しないで営業活動が展開できるので
しょうか？　また、新規顧客の開拓は本当にできるのでしょうか？　こうし
たことを実現するためには、第10章で学んだ、ＭＡとＳＦＡの役割分担に
ついて理解しておくことが重要です。また、見込顧客（Prospect とか Lead
と呼びます）についての考え方もあわせて更新する必要があります。

まず、潜在顧客との接点ですが、マスメディアを通じた広告があります。
さらに、インターネット上の WEB 広告も有効な手段です。こうした広告
を見て、問い合わせの電話やメールが来れば、そこから新たに見込み客と
の接点が生まれます。あるいは、無料で参考資料を提供するかわりに、個
人情報（氏名、勤務先、メールアドレス）などを取得します。それ以外には、
セミナーや展示会などがあります。それらの催しに参加する場合、参加者
は名刺の提出が求められます（多くの場合2枚要求されます）。企業はこうし
た努力によって、新たに見込顧客の情報を収集します。

従来であれば、収集した情報に基づいて既存の営業部門が客先に連絡し、
アポイントメントを取って訪問するという流れでした。その場合、見込顧
客の状況はさまざまであり、営業効率が悪くなります。すぐにでも製品や

サービスを購入したい顧客もいれば、将来の購買検討に向けての参考にするための情報収集の段階にすぎない顧客もいます。また、営業員に駆けつけてもらいたい顧客もいれば、メールなどでの連絡だけで十分な顧客もいます。したがって、顧客側の本当のニーズを確かめた後で、適切な営業活動を取ることが求められます。ここにインサイドセールスの出番があります。

　インサイドセールスを実践することによって、顧客の現時点でのニーズを探り、それにふさわしい現場の営業員に引き継ぐことで、営業活動の効率化を実現することができます。これが、インサイドセールスが単なるテレアポではない、といわれるゆえんです。

　こういったことを、ＭＡの世界ではファネル構造という概念を使っていることは第10章で説明しました。インサイドセールスによって、顧客ナーチャリング（養成）をおこない、顧客を絞り込みます（図38）。ファネル構造を確立し、精度の高い見込み客情報を現場の営業員に引き継ぐことによって、効率的な営業活動をおこなうことが期待できます。

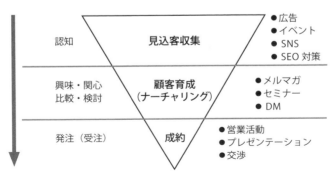

図38　ファネル構造

出典：水嶋玲以仁（2018）より改変・編集

インサイドセールスにおけるファネル管理と顧客ステージ

インサイドセールスでは、顧客の購買プロセスと顧客の状態を注意深く管理します。購買プロセスとは、顧客が購買意志決定をおこなう際にたどる流れです（図39）。ここでのポイントは、営業側の売りたいという本音ではなく、あくまでも顧客目線に立って対応する点にあります。

購買プロセスは、顧客が自分の抱えている問題について認識するところから始まります。そして問題を解決するために必要な要件を明らかにします。必要な要件をもとに、候補となる製品やサービス、購入先の業者の選定をします。また、業者から見積もりを取ります。業者からの見積もりを受け取ったら、社内で評価をして発注先を決定します。また、取引条件を決定します。社内の正式な決定を受けて業者との交渉をおこないます。

一方、**顧客ステージ**とは、購買に関してどのような段階にいるかを現したものです（図40）。一般的には、購買プロセスの進展とともに変化していきます。潜在的な見込み客の段階から、見込み客、商談先、というように少しずつステージをあげていきます。契約締結後、晴れて新規顧客となり、取引が継続するとやがて優良顧客に発展していきます。

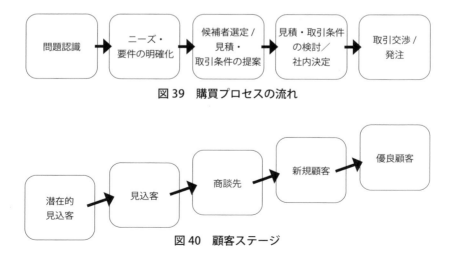

図39　購買プロセスの流れ

図40　顧客ステージ

インサイドセールスのキラーコンテンツ

インサイドセールスでは、従来の営業活動で用いたツールとは異なったツールが必要になります。基本的には、Webを用いて遠隔からの資料請求という形が中心になります。最近では、動画のコンテンツも人気があります。表27は、インサイドセールスに有効なコンテンツ例です。

表27　インサイドセールスのコンテンツ例

①セミナー動画	⑥プレスリリース	⑪診断／シミュレーション
②デモ・ウェビナー	⑦製品概要資料	⑫概算見積もり
③読み物	⑧導入事例・ケーススタディ	⑬マニュアル／ガイドブック
④業界・用語解説	⑨製品ビデオ動画	⑭調査レポート
⑤ビジネスブログ	⑩他社との比較表	

出典：上島千鶴（2021）より一部抜粋

インサイドセールスの成功率

Gessnerら（2009）は、顧客との信頼関係は商談成功確率に影響するとしています。また、予測分析、データマイニング、その他のビジネス・インテリジェンス・ツールを活用すると、インサイドセールス・チームの業務効率を向上させ、売上増加に役立つことを示しています[64]。

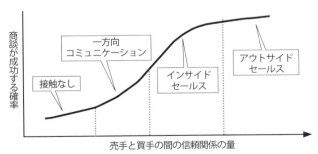

図41　売手‐買手間の信頼と商談成功確率

---

[64] Gessner et al.（2009）

営業組織におけるインサイドセールス

　インサイドセールスは今後の営業活動の新しいスタイルとして注目されています。しかしながら、現時点ですべての営業活動をインサイドセールスによって置き換えてしまうことは、非現実的です。まだしばらくの間は、既存の営業組織による従来からの営業活動も、引き続きおこなわれていくでしょう。そうなると、営業組織の管理をする際には、インサイドセールスの組織と既存の営業活動の組織との間での棲み分けと共存が必要になります。そうした場合の新しい概念として、インサイドセールスとアウトサイドセールスの２つの組織にオンライン販売チャネルを組み合わせた、ハイブリッドな営業体制が提唱されています（図42）。

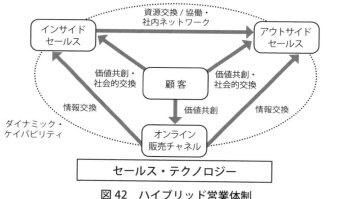

図42　ハイブリッド営業体制

出典：Thaichon et al.（2018）

インサイドセールスの動機付け

　新しい営業活動としてのインサイドセールスが増えるにつれて、今後はインサイドセールス組織に対する管理方法について、留意する必要があります。

　そもそも営業組織には、営業グループ、営業チーム、という異なった性質の集合体があります。**営業グループ**とは営業部門、同じメンバー同士が

配属されていて、営業活動そのものは、一人ひとりの営業員が分担します。**営業チーム**の場合は、複数の営業員が一緒に営業活動をおこないます。インサイドセールスの場合は、このどちらでもない**インサイドセールス・ユニット**として扱われる場合が多くなります。インサイドセールス・ユニットは、他の営業員とのタスク同士で依存関係が低いという観点からは営業グループ的であり、最終的に業績に非常に影響されるという点からは営業チーム的である、というように異なった性質をもっています。その結果、インサイドセールス・ユニットに対するインセンティブの効果が、他のグループとは異なっているという調査もあります[65]。インサイドセールスの業績に対して適切な処遇を下すことは、これからの営業管理における重要な課題となっていくでしょう。

学生の人気職種

　定期的に実施される職業の人気ランキングには、一般的に営業職は学生の人気職種の上位にランクインすることはほとんどありません。それは、世間的に営業職が大変であると思われていることと、大多数の新入社員は入社当初は営業職に配属されることが多く、あえて志望する必要がないということが背景にあると思われます。しかしながら、近年のインサイドセールスの普及はそういった状況を変えているようです。

　米国の研究結果によると、インサイドセールスの研修を受けた学生は、インサイドセールスを魅力的な職種であると認識したという結果が出ています[66]。これは、通常の営業に比較すると、インサイドセールスはスマートな印象もあり、今をときめくデータ・サイエンティストに連なる知的なイメージがあるためでしょう。ただし、実際の業務処理内容それ自体は、依然として単純な業務内容に見える気もします（テレアポ業務と、それほど違いがあるようには見えない一面があるからです）。今後、この人気が続くのでしょうか？それは、将来の雇用情勢や情報技術の進展状況にかかっていると言えるでしょう。

---

[65] Homburg et al.（2021）
[66] Magnotta (2018)

◤ リモート営業

2020年の世界的なコロナ禍の影響による緊急事態宣言の発令を受けて、多くの勤務者はリモート勤務を余儀なくされました。リモート勤務とは、会社に出勤する代わりに、自宅などからインターネット経由で仕事をおこなうことです。通常業務の中で大きな割合を占めているのが会議でした。そこで、一躍注目されるようになったのがZoomに代表されるオンラインWEB会議ツールです。

代表的なWEB会議ツールとしては、表28のようなものがあります。

表28　代表的なWEB会議ツール

代表的なWEB会議ツール	シェア
Zoom（Zoom Video Communications）	60.1%
Microsoft Teams（Microsoft）	21.4%
Googl Meats（Google）	7.9%
V-CUBEミーティング(株式会社ブイキューブ)	－
Cisco Webex（Cisco）	－

出典：MM総研調査（2021.10）によるランキング（カッコ内は提供ベンダー）

営業活動も同様に、リモート勤務を余儀なくされます。営業活動では、客先への訪問が欠かせません。そこで、リモート営業に欠かせないものとして出てきたのが、オンライン商談ツールです。

表29　代表的なオンライン商談ツール

代表的なオンライン商談ツール（BtoB）
ベルフェイス(ベルフェイス株式)
はなスポット（株式会社NTTPCコミュニケーションズ）
Calling（株式会社ネオラボ）
VCRM（ナレッジスイート株式会社）
meet in（株式会社meet in）

出典：2022年2月、著者調べ。カッコ内は提供会社

　汎用的な WEB 会議ツールに加えて、オンライン営業（商談）専用のツールもあります。代表的なオンライン商談ツールとしては、表 29 のようなものがあります。

インサイドセールス／リモート営業に必要な環境整備

　インサイドセールスを実際に展開する際には、情報機器やネットワーク通信環境で一定の条件を満たしていることが必要です。以下は、その一例です。

リモートワーク vs テレワーク

　リモートワークは「遠隔」の「remote」と、「働く」の「work」を組み合わせた造語です。オフィスではないところで、遠隔でおこなう業務全般を指します。オフィスに通わない仕事であればリモートワークといっても間違いではないでしょう。
　それに対してテレワークとは、単に離れたところで働くのではなく、インターネットなどのICTを活用している働き方で、次のように定義できます[67]。

　情報通信技術（ICT= Information and Communication Technology）を活用した時間や場所を有効に活用できる柔軟な働き方

　テレワークは、1970 年代にアメリカで導入され、通勤にともなう排気ガスやエネルギーの消費を削減するのが目的でした。日本では、1984 年に日本電気（現：NEC）が取り組んだことが最初のケースです。優秀な女性社員が結婚や出産をしても働き続けられるよう、郊外にサテライトオフィスを設け、都心部までの通勤の負担軽減が目的でした。
　これら両者には大きな違いはありません。遠隔でおこなう業務全般はリモートワーク、ICTを活用する場合はテレワークといった理解でいいでしょう。

*67　厚生労働省 HP によるテレワークの定義

①Webカメラ付きPC

ビデオ会議をおこないますので、カメラの利用が大切です。WEBカメラやノートパソコン内蔵のカメラでも可能です。商談の際には、解像度の高いカメラの方がいいでしょう。

②マイク付きヘッドセット

マイクとスピーカーについても、声が明瞭に伝わるためには重要です。ノートPCケース内蔵のマイクでは性能が悪い場合があります。個人でおこなう場合には、マイク付きヘッドセットだと、手が空いているため書類の扱いに便利です。複数の出席者が参加している場合には、性能の高いマイクは必須です。

③安定した通信環境

速度については、早ければ早いほどいいようです。実際には、会議中に通信状態が悪くなり、音声が途切れることやプレゼンテーションがうまく表示（共有）されないこともあり、注意が必要です。

④周りの騒音が少ない座席の割り当て

オフィス内でオンライン商談をおこなう場合には必要です。専用の会議室やスペースを使えない場合は、こういった配慮が必要になります。

⑤商談中であることを示すフラッグ類

上記同様、自分のデスクまわりなどでオンライン商談をおこなっている場合、他の社員がわかるようにしておくことで、騒音や不適切な音声が流れることを、防止することができます。

⑥その他

必要に応じて用意するものに、クロマキー合成のための背景に用いるグリーンスクリーンなどがあります。

■ 営業活動の未来

■ セールス・イネーブルメント

営業活動の新しい取り組みとして、セールス・イネーブルメントが注目

されています。セールス・イネーブルメントとは、営業力を強化するための一連の取組みのことです。定まった定義はまだ無いようですが、わかりやすい定義をひとつあげておきます[68]。

セールス・イネーブルメントとは、組織内のすべての部署に、見込客中心の発想を広げるものである。この概念は、一種のエコシステムであり、組織内のあらゆる階層や境界を乗り越えるものである

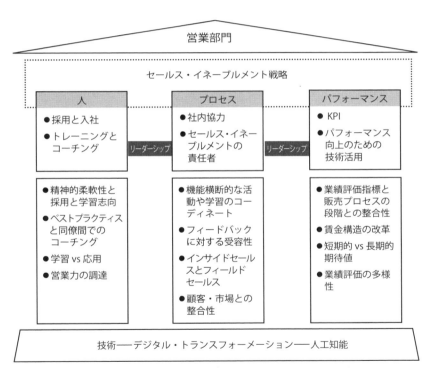

図43　セールス・イネーブルメントのフレームワーク

出典：Rangarajan et al.（2020）

---

[68]　Bray and Sorey (2017)

セールス・イネーブルメントの目的は、営業組織を改善し営業力を早期に強化することです。セールス・イネーブルメントは、人（People）とプロセス（Process）と業績（Performance）の３Ｐを結びつける枠組みとして、今後の営業活動で重要性を増していくことと思われます[69]。

■ 今後の営業活動と新しい営業の場：メタバース

　今後の営業活動はどのようになっていくのでしょうか。ここでは、その展望をしてみたいと思います。最も起こりそうな方向性としては、ＩＴ進展による営業活動のスマート化があるでしょう。飛び込み営業やいわゆるテレアポによる「数を打ってあたるのを待つ」営業活動は、無駄が多いことが指摘されています。人手不足の今日では、こうした営業活動は、経営資源の無駄遣いであると言えます。今後、ＡＩ（エージェント、ボット）の普及によって人間の役割が変われば、従来の営業活動のあり方は大きく変貌することでしょう。

　また、営業活動の場（プラットフォーム）についても変化が起こりそうです。2022 年時点で、Meta 社（旧 Facebook）は Zoom 社とのコラボレーションで、ホライズン・ワークルーム（Horizon Workrooms）という VR 会議ツールを提供しています。同様に、マイクロソフト社が Mesh という名前の会議ツールの提供を発表しています。こちらは、MR（Mixed Reality、複合現実）によるものです。その他、アップル社は AR ／ VR ヘッドセット、ソニーも VR ヘッドセットの発売を発表するなど、有力メーカーの参入が相次いでいます。リモート営業の次には、メタバースを用いた営業活動がおこなわれるようになるかもしれません。今後のメタバースの普及状況から目が離せません。

---

*69　Rangarajan et al.（2020）

第IV部

営業を高める

IV

　第IV部では、営業活動の質を高めることに注目します。営業活動の優劣が会社の業績を左右するため、営業活動の質を高めることは重要です。

　第12章では、営業活動の業績評価について学びます。業績の評価は、個人単位と同時に、組織（営業部門）単位でもおこないます。営業活動の業績を正当に評価することは、組織運営を円滑に進める上で必須です。

　第13章では、報奨制度について学びます。営業活動の業績評価を受け皿として、企業にはさまざまな報奨制度が用意されています。それぞれの報奨制度の性質や特徴について理解しましょう。

　第14章では、モチベーション理論を学びます。営業員のモチベーションを高めることは、良いパフォーマンスの実現に欠かせません。営業員とモチベーションの関係について理解しましょう。

　最後の第15章では、営業員のキャリア・デベロップメントについて学びます。これからの時代は、キャリア開発は会社任せにはできません。自分でキャリアを設計し開発していく、キャリア・デベロップメントが求められます。

営業活動の業績評価

　この章では、営業活動の業績評価について学びます。営業活動を評価する場合、評価の対象は、営業員個人単位と部署単位（営業組織）の二種類に分けられます。営業員個人に対する評価では、個人の営業活動の出来ばえ、パフォーマンス、成果などを中心に評価がおこなわれます。部署単位（営業組織）に対する評価では、①売上げ分析、②マーケティング・営業活動のコスト分析、③営業組織の管理状況、などについて評価をします。

営業員個人の評価

　企業を管理する上で重要な課題は、業績評価です。企業における業績評価の大きな目的は、企業の経営状態を把握することです。企業の経営努力や営業努力は、時として間違った方向に進む場合があります。間違った方向に進んだことを是正するためには、定期的に業績を評価することが重要です。

　業績評価の基本ルールは、信賞必罰です。これは公明正大な評価方法であり、従業員のモチベーション向上につながります。その反面、えこひいきやコネ重視などの不公平な処遇がおこなわれると、従業員のモチベーションは下がります。いくら努力をして結果を出しても報われなければ、その人はやる気をなくすでしょう。そのまま放置すると、会社に対するロイヤリティが低下します。最終的には、離職・退職につながるかもしれません。

　個人の業績評価をするためには、次の３つの領域での検討をおこないます。

　①個人評価の果たす役割と重要性

　②評価の手順（５ステップ）

　③業績性評価手法

個人評価の果たす役割と重要性

最初に抑えておく必要があるのは、個人評価の果たす役割と重要性です。個人評価には、以下のような役割があります。

●方向性

まず、個人営業員の業績評価をする目的について考えましょう。業績評価の目的の 1 つは、働きの出来ばえに対するフィードバックを提供することです。その結果、自分の行動が会社にとって有効であったのかそうでなかったのかがわかります。

会社全体の目的がマーケット・シェアの拡大であれば、営業員はその方向にあった営業活動を実践することによって評価されます。もし、会社の目標が顧客満足であれば、営業員も顧客との関係性向上を意識した行動をとるでしょう。このようにして、営業員の営業活動の方向性をコントロールすることができます。

●個人の能力開発

業績評価には、本人の能力開発に役立つという点もあります。企業の人事方針に則った業績評価は、その企業における望ましい従業員像の具現化です。したがって、どのような内容が評価されているかについて知り、そのガイドラインに沿って自己の能力開発を進めることができます。

次に、個人評価の重要性について説明しましょう。それにはいくつかの理由があります。

●昇任・報奨

まず、最も大きな理由は、本人の昇進や報奨に用いることができる点です。成績の良し悪しで昇進や報奨が決められます。逆に、パフォーマンスが著しく低い場合には、降格人事や配置転換などにつながる場合もあります。日本国内ではあまり実践しにくいのですが、最終的には解雇（クビ）されるということも考えられます。

● 組織の管理と運営

　次に、営業組織の運営を考えると、上司が部下の管理をやりやすくなります。個人評価の結果をベンチマーキングの指標として使えるからです。個人を他のメンバーと比較することで、現状を正確に把握できます。また、同じ人の過去の業績と比較をすることで、本人が成長しているか、スランプに陥っているかを知ることができます。上司はそれらの状況を判断しながら、適切な指導やアドバイスを与えることができます。

● 組織の管理と運営

　最後に、個人業績評価を用いて自己分析することによって、自分の強みや弱みを把握することができます。一般的に、人は自分のことを客観的に評価できないとされています（コラム参照）。個人業績評価を用いることで、自分の弱点に気づき、それを改善する機会とすることができます。

なぜできが悪い人の自己評価は高いのか？

　無能なひとほど自分の能力を過大評価する傾向のことを、ダニング＝クルーガー効果といいます。ダニングとクルーガーという米国の心理学者が明らかにしました。ダニング＝クルーガー効果は、認知バイアスと呼ばれる錯覚が原因となっています。

　自分のことを客観的に見る能力を、メタ認知能力といいます。無能なひとは、正しい自己評価をするために必要とされるメタ認知能力が劣っているといわれます。メタ認知能力が劣っていると、自分を客観的に判断できないため自分を改めようとしない、自分のミスに気づかない、他人から過ちを指摘されても改善できない、同じミスを繰り返す、などの欠点があるといわれています。それに対して頭がいい人は、メタ認知能力もすぐれています。そのために、こうした欠点はありません。

　似たような言葉に、レイクウォビゴン効果（自分は他の人と比べると平均以上であると自己評価を過大に捉える認知バイアス）があります。

評価の手順（5 ステップ）

営業員の業績評価をおこなう手順としては、図 44 のようなステップを踏んでおこないます。

図 44　営業員評価手順の 5 ステップ

出典：Spiro et al.（2007）

①評価ポリシーの確立

評価ステップの最初の段階は準備段階です。準備段階では、評価ポリシーを確立します。評価ポリシーの内容は以下のようなものがあります。

●誰が評価をするか

まず、どういった人が評価に関与するか、という点でトップダウン型と360 度型の二種類があります。

トップダウン

従来から広くおこなわれている方法です。基本的には直属の上司が部下の業績を評価します。あるいは事業部の担当役員、人事部の担当役員などが参加する場合もあります。身近な人による評価であるので、細かい点にまで目が届く点が期待できます。ただし、上司一人当たりに対する部下の数が多すぎる場合には、きめ細かい評価ができない点がデメリットです（スパン・オブ・コントロールの問題）。また、上司と部下との間の人間関係によっては、評価の客観性や公平性の点で、部下が不満を抱くこともあります。

360 度

上司だけではなく、本人を取り巻くすべての人からの評価を用いる方法です。同僚や部下など、本人の周りの職員全体が評価に参加します。最近では、多くの企業で取り入れられています。同僚や部下（社内顧客と呼ぶ場合があります）からの評価に加えて、顧客から（社外顧客）の評価を付け加え

る場合もあります。さらに、本人自身の評価を考慮する場合もあります。

●評価の頻度・時期

　どの程度の頻度で人事評価を実施するかについてもあらかじめ決めておく必要があります。年に一度なのか、四半期ごとに評価をおこなうのかといったことを、基本方針として決めておきます。

②評価項目の選択

　評価の際にどのような評価項目を用いるか、についても決めておく場合があります。従業員にとっては、評価項目をあらかじめ明示的に示してもらえたほうが、仕事がやりやくなります。

　評価項目には、いくつかの項目が考えられます。業績というアウトプットを測定するもの、傾注した努力というインプットを基準とするもの、何らかの数字の比率を用いるものなどがあります。通常は以下のようなものの中から１つあるいは複数を組み合わせて評価します。

●営業成績、売り上げ数量

　これは最もわかりやすい評価項目であると言えます。金額ベースもしくは数量ベースなどが考えられます。また製品などの売り上げ個数を用いる場合もあります。

●ノルマに対する売り上げ数量の割合

　年間売り上げノルマをどのくらい達成したかが基本になります。あるいは売り上げ達成可能市場潜在力に対する割合などを用いる場合もあります。

●獲得した受注数

　売り上げ数量、金額以外としては、受注数などを用いる場合もあります。

●顧客関連指標

　評価される営業員が担当する顧客に注目した評価項目です（売上を計上した顧客数、新規獲得顧客数、損失顧客数、未回収顧客数など）。新規獲得顧客数などは、わかりやすい指標です。顧客志向では既存顧客の維持も重要です。逆に顧客を失うということは、評価的にはマイナス評価となります。

　ここまでは、本人の仕事の成績（結果）のみをあげていました。それ以外に、営業員の仕事への取り組む姿勢・努力・態度（プロセス）を評価する場合もあります。さらに、本人が普段から能力開発を心がけているか、ということを考慮する場合もあります。また、成績（結果）に関して、売上高だけではなく、そのために用いられたコストを加味して収益性という観点から評価する場合もあります。

③標準値を設定する

　評価項目が決まったら、それぞれの評価項目に対するパフォーマンスの標準値を設定します。業績（仕事のでき映え）の標準値を設定するのは、実は大変難しいことです。一般的には、平均的な社員のパフォーマンスを基準とする方法が取られます。しかしながら、組織全体のパフォーマンスを高めたい場合には、少し高めの基準値を設定しておいた方が良いかもしれません。その反面、高めの基準値を設定することによって、その基準値を越えられず評価が低くなることにより、従業員のモチベーションが下がる恐れもあります。

④標準値の比較

　3番目のステップで設定した基準値に対して、評価される営業員の評価項目を比較します。ただしその際にいくつかの注意しなければいけない点があります。1つ目はハロー効果です。評価者が、評価される人のイメージや印象によって必要以上に高い評価を与えてしまう場合があります。2つ目は、一般的に起こりがちであるがどうでもいいようなことを必要以上に過大評価をしてしまい、本当に重要な点については過小評価をしてしまうことがある点です。3つ目としては、一部評価項目には評価を下す有効な手がかりがないにもかかわらず、評価者に対して評価を強いることがある点です。これらの注意点については、次の主観的評価のデメリットの箇所で詳しく説明します。

■ 評価方法

評価方法には、客観的評価と主観的評価があります。

● 客観的評価

客観的評価でもちいるデータには、次の3種類があります。

（ア）出力の指標

（イ）入力の指標

（ウ）比率の指標

これら3種類の指標については、表30を参照してください。客観的評価は、データをもとに評価をおこなうため、誰が評価をしても基本的には同じ結果になります。ただし、特別な事情があって業績が悪化した場合であっても、事情を斟酌できないドライな面がデメリットとなるでしょう。

● 主観的評価

主観的な評価とは、定性的なデータを用いた評価です。定性的な評価は、数字のように客観性がなく、評価をする人によって判断が変わる可能性があります。特定の価値観によるバイアスが生じる危険性があり、個人的な好き嫌いが影響する場合があるので注意が必要です。主観的評価に伴うデメリットには、以下のようなものがあります。

（ア）結果との関連を重視しない

　　パフォーマンスに関係がある特性について、本当にパフォーマンスに効果があるのかを特に評価せずにそのまま使ってしまう。

（イ）間違って定義された性格的特徴

　　直感的には美徳と感じられる性格が、本当に仕事のパフォーマンスに関係があるかどうかは疑問である場合が多い。たとえば、正直者であることは道徳的には正しいかもしれないが、営業員に必要な資質であるかどうかはよくわからない。

（ウ）ハロー効果

　　個人の性格やバックグラウンドなどが評価に重大な影響を及ぼす。

（エ）寛容さや厳しさ

　　評価者によって、甚だしく寛容に評価するか、逆に非常に厳格に評

表30 営業員の業績評価に用いる客観的指標の例

出力の指標	入力の指標	比率の指標
注文数 ● 注文数 ● 平均受注額 ● 取消された注文数 **顧客数** ● 有効顧客数 ● 新規口座数の推移 ● 失われた顧客数 ● 延滞中の顧客数 ● 見込顧客数	**訪問数** ● 総訪問数 ● 計画された訪問数 ● 予定外の訪問数 **時間および時間使用率** ● 勤務日数 ● 1日あたりの訪問数（訪問レート） ● 販売時間と非販売時間の比較 **費用・経費** ● 合計 ● タイプ別 ● 売上高に占める割合 ● ノルマに占める割合 **非販売活動** ● 見込み客へのEメール ● 見込み客への電話連絡 ● 正式な提案書の作成数 ● 広告ディスプレイの設置 ● 代理店・販売店とのミーティングの回数 ● 代理店・販売店担当者へのトレーニングの回数 ● 代理店・販売店顧客への電話連絡数 ● サービス訪問の回数 ● 延滞金の回収数	**経費率** ● 販売経費率 ● 訪問毎のコスト比率 **顧客開発・サービス比率** ● 顧客浸透率 ● 新規顧客転換率 ● 顧客ロス率 ● 1顧客あたりの売上高比率 ● 平均受注額比率 ● 注文キャンセル率 ● 顧客シェア **訪問生産性** ● 1日あたり訪問数比率 ● 顧客別訪問数比率 ● 計画的訪問率 ● 1訪問あたり受注率

出典：Johnston and Marshall（2020）

価するか、極端に違う場合がある。

（オ）中心化傾向

　　　評価者は評価する際に、評点の真ん中近辺の回答をする傾向がある。

　　逆にいうと極端に高いもしくは極端に低い回答を控える傾向がある。

（カ）対人関係の偏り

　　　個人間の人間的な相性（好き嫌い）によって評価が変わってくる場

　　合がある。

（キ）組織の影響

　　昇進や昇給が絡んだりする場合は評価が影響されやすい。また、他
部門と比べて自分の部門の評価が気になる。他部門ばかりが甘い評価
をおこなって業績が高く評価され、それが報酬に反映されているので
はないかという疑念を持ってしまう。

　主観的評価のバイアスを除去する方法としては、先述の 360 度評価の
他に、後述の BARS システムを使う方法があります。

営業員の時間の使い方：日米比較

　日米の営業員の時間の使い方の違いを見てみましょう。図 45 は、生産財
営業員の日本能率協会の調査結果と、米国のマグロウヒル社の調査結果の比
較です。
　日本の営業員の営業活動時間（平均労働時間：9 時間 29 分）は、労働時間の
25%、2 時間半程度にすぎません。米国の営業員の場合は（平均労働時間：9
時間 22 分）、労働時間の 42% で、3 時間 50 分となっています。日本の場合、
書類整理と会議の時間の割合が、米国の 2.5 倍かかっています。その結果、
顧客との面接時間が削られる結果となっているようです。単純な比較でこれ
だけ差があることは、日本の営業員の営業活動の効率化（生産性）について
は、仕事の進め方を含めてよく考え直す必要があると言えます。

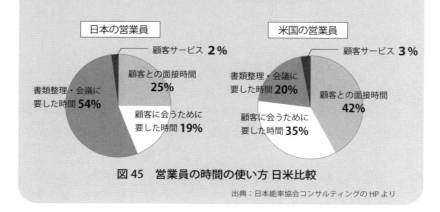

図 45　営業員の時間の使い方 日米比較

出典：日本能率協会コンサルティングの HP より

⑤評価のフィードバック

　評価の最後のステップが、本人に対するフィードバックです。どのような評価が下されたにせよ、それを本人に正確に伝えることが重要です。このプロセスを通じて、フィードバック効果が働き、本人が将来の活動をより良いものにすることができるからです。

　評価のフィードバックでは、本人との面談が最も一般的です。ただし、フィードバックをおこなう場合には、プライバシーに配慮する必要あります。また、励ましや激励が、パワー・ハラスメントと受け取られないように注意することも重要です。

▶ 業績評価手法

　業績評価には、いくつかの手法があります。以下は代表的な手法です。

①グラフィック評価/チェックリスト法

　この方法は一定の決まったパフォーマンス評価表（パフォーマンス・エバリュエーション・フォーム）を用いて採点するものです。最も一般的に用いられている手法です。

②ランキング法

　この方法は、営業員すべてを一列に並べて評価する方法です。相対的な評価と言えます。評価については、評価項目ごとに比較する方法がよく用いられます。

③目標による管理（マネジメント・バイ・オブジェクティブ）

　目標による管理（MBO：Management by Objectives）は、本人に自分の業務目標を設定させ、進捗状況のモニターや目標遂行を本人に管理させる、本人の主体性を重視した管理手法です。本人の主体性が発揮されると、大きな成果が得られるという考え方に基づいています。

④BARS（Behaviorally Anchored Rating Scale：行動基準評定尺度）

　この手法は、人の業績を客観的に評価するのに適しているといわれています。具体的には、営業員の行動を特定の結果に結びつけて評価します。

左側の業績（パフォーマンス）と、右側の行動を結びつけて評価しています（表31）。

表31　BARS（行動基準評定尺度）

パフォーマンスの分類	評点（スコア）	行動基準の内容
優れている	10.0 9.0	チームの目標を達成するために、普通の期待以上の協力をすることが期待できる
平均以上	8.0 7.0 6.0	チームの目標達成のために努力することを期待できる
平均	5.0 4.0	チーム活動への参加と協力が期待できる
平均以下	3.0 2.0 1.0	必要な時だけチーム活動に参加する。チームを支援するための主体性はほとんど発揮しない
非常に低い	0	チーム活動に参加したがらない。時々、チーム活動の邪魔をする

出典：Spiro et al.（2007）

KPI

　近年では、業績管理の各種指標のことを、KPI（Key Performance Indicator）と呼ぶ場合もあります。KPIは可能性としてはいくつでも考えることができます。そのなかでも３大KPIとされているのが、①接触（contact）、②商談（presentation）、③販売実績（sales）です[*70]。

①接触（Contact）

　どのくらい新規顧客候補を開拓しているか？　月次ベース、週次ベースの実績で評価します。なお、顧客の状態の変化については、ファネル構造（既出、第10章）で捉えます。

---

*70　Bellah（2015）

②商談（Presentation）

　どのくらい客先で説明をしているか。自社製品やサービスの説明は営業活動の基本です。客先訪問数、あるいは営業案件の数としてもいいでしょう。一定期間内に顧客と接触する頻度や密度の濃さは、営業成績に強い相関があります。

③販売実績（sales）

　どのくらい売上を達成しているか、つまり営業成績のことです。営業活動の究極の目的です。ノルマ達成度合いも同様です。

　これ以外の異なった項目で、ＫＰＩを設定することもできます。その際の注意点としては、①数値化できる項目を選ぶ、②営業員個人がコントロールできる項目を選ぶ、③ＫＰＩの数を多く作りすぎない、などです。

◤ 営業員の満足度調査

　営業員の評価と並んで重要なのが、営業員の満足度調査です。業績評価をおこなう際に、同時に満足度調査をおこなうと効果的ですから、管理者は、営業員の満足度調査についてもよく理解し実践することが重要です。

　一般に、営業員の満足度は、業務のパフォーマンスに大きく影響します。もう少し細かく見ていくと、満足度は、離職率・常習的欠勤・モチベーション・組織への関与度に影響があることが、これまでの研究によってわかっています[71]。満足度に影響を与える要因を特定し、要因間の関係を知ることは重要です。そこで得られる知見は、会社の施策としてその要因をコントロールすることの検討につながります。

　営業員の満足度を測定する尺度として有名な測定指標に、**INDSALES**[72]があります。INDSALES の質問項目は、①仕事全般、②同僚、③上司の

---

*71　Friends et al.（2013）
*72　Churchil et al.（1974）

管理、④会社の方針とサポート、⑤給料、⑥昇進や昇給、⑦顧客、の7つの領域に分かれています。したがって、従業員満足度の結果を用いると、上司が部下を管理する上で貴重な情報を収集することができます。上司は、回答した営業員のどの領域のポイントが高いか低いかを見ることにより、営業員が持っている仕事に対する感情を理解することができます[*73]。

営業組織の評価

　企業の経営努力や営業努力は、そのままにしておくと間違った方向に進むことがあります。間違いやすい理由の1つには、80：20の法則があるといわれています[*74]。それによって、営業活動の努力を傾ける対象が一部に偏ったりずれたりしてしまいます。企業の経営者は、自社の経営状態を常時把握し、必要があれば軌道修正しなければなりません。必要な軌道修正を施すためには、定期的に組織（社内各部署）の業績を評価することが重要です。

　会社全体の営業活動を評価するためには、営業部門を対象とした業績評価をおこないます。業績評価の内容は、①**売上分析**、②**コスト分析**、③**収益性分析**が中心です。営業部門の業績評価には、**営業部門監査**（Sales Organization Audit、Sales Management Audit と呼ぶ場合もあり）と呼ばれる取り組みで実施する場合もあります。

営業部門監査

営業部門監査で重要なポイントは、以下の3ステップです。

①何が起こったか（**現状把握**）

②なぜそれが起こったか（**原因究明**）

---

*73　Friends et al.（2013）
*74　Spiro et al.（2007）

③（今後）どう対処すればいいか（**対処方法**）

　①何が起こったのか、客観的なデータに基づく現状の把握が重要です。その際に、担当者や当事者による主観的な報告書だけによるのではなく、できるだけ客観的なデータに基づく情報収集と**現状把握**が重要です。

　②次に、なぜそういう事態に陥ったのか、しっかりと原因を究明する必要があります。特に失敗したときに重要です。起こった事柄の要因を整理し、結果に対する原因となった要因を特定します。これによって**因果関係**が明らかになります。因果関係を明らかにすることによって、事象（トラブル）の**発生メカニズム**がわかります。

　③事象（トラブル）の発生メカニズムがわかると、どういったときに同じトラブルが発生するかを予測することができます。そうすると、今後どのように**対処すべきか**について、考えることができます。

　こうした一連の業績評価プロセスを繰り返し実践することが、営業組織の有効性向上につながります。

　営業管理監査については、営業活動の実践状況の監査と、それと並行して営業組織についての監査に大きく分けられます。営業活動の実践状況の監査とは、営業活動の目的設定、営業活動戦略並びに戦術についての評価をすることが中心になります。営業組織の監査については、管理職の評価と、この章の前半で説明した営業員個人ごとの評価がおこなわれます。

　営業部門の活動実績の評価では、大きく分けて4つの領域に対して評価します[*75]。

①**営業組織を取り巻く環境**
【組織を取り巻く社外環境の評価】

[*75] Ingram et al.（2020）

- PEST分析の要因（政治、経済、社会、技術）
- 市場
- 顧客

【社内の組織環境の評価】

- 組織
- 営業—マーケティング部門の連携
- 他部門との連携

②営業組織の企画機能

【営業組織の企画機能の評価】

- 営業売上予測の立て方
- 営業管理体制
- 営業計画の実施方法

③営業管理（管理者）

【営業部門の管理者についての評価】

- 営業管理者の適性
- 営業管理者の行動の妥当性

④営業管理項目

【営業部門の活動内容の実践状況の評価】

- 営業部隊の編成
- 営業研修
- 報酬と経費
- 管理方法、士気、動機付け

営業組織の有効性評価

営業管理監査の中核を占めるものが、営業組織の有効性評価です。

表32には、営業活動の有効性評価においてよく用いられている指標をリストアップしています。

表32 営業活動の有効性評価に用いられている指標

評価指標	使用率（％）
目標に対する販売実績	79
顧客満足度	59
利益対目標値	49
セールスマネージャーからの フィードバック	45
マーケット・シェア	39
営業コスト	37
営業員のフィードバック	28
営業リソースの投資収益率	21
その他	9

出典：Brewer（2000）

■ 有効性評価の指標

　営業組織の有効性評価には、いくつかの異なった視点が考えられます。それらの視点を整理すると、売上分析、コスト分析、収益性分析、生産性分析、の4つに分類できます。次の節では、この4つの分類ごとに、具体的に用いられる指標について解説します。

■ 売上分析

　営業活動の究極の目的は、売上高を計上することです。したがって売上高を測定し評価する**売上分析**（**Sales Volume Analysis**）は、第一におこなうべき最も重要な指標となります。売上高の測定・管理にはいくつかの集計の仕方があります。

① 総合売上高

　売上高指標の中でも、会社としての全社的な総合売上高は、最も基本的な指標です。評価の際の切り口としては、以下の3つがあります。

●予算・実績比率（予実比）

評価の際の切り口には、本年度の予算に対する実績を計算する（予実比）ことがあげられます。これは、その年の活動目標（予算）に対しての業績の**達成度**を知るという意味で重要です。その企業の営業活動の有効性が反映されていると言えるでしょう。

●対前年度比較

次に前年度（過去の年度）との比較があります。この指標を使えば、営業活動の**成長性**を測定することができます。基本的に企業の経営戦略は、会社の成長が根底にあります。したがって、前年度と比較して今年度はどの程度の伸び率を実現しているかという指標は、営業活動の状態を知る上で重要な指標です。

●他社比較

他社比較をおこなうことによって、市場における自社の**競合性**（強み）を知ることができます。別の言い方をすれば、**マーケット・シェア**の測定です。市場における相対的な弱みは、長期的には自社の凋落を引き起こし、最悪の場合倒産につながります。そうならないためには、常に競合他社との間における力関係を知っておくことが必要です。他社比較はそのための重要な指標です。

②テリトリー別売上高

営業テリトリーごとに売上高を計上して分析をおこないます。この指標を用いる目的は、社内で支店ごとの業績を比較することです。この分析を通じて、売上が伸びているテリトリー（支店・営業所）、鈍っているテリトリー（支店・営業所）、のように現状を把握することが可能になります。分析の結果に応じて、支店間の人員配置やテリトリー分割の調整、もしくはエリアごとのマーケティング施策（予算）を調整し、プロモーションを実施するなどの施策につなげます。

③製品・サービス別売上高

多くの企業では、複数の製品やサービスを提供しています。その場合、複数の製品やサービスの間でコストを調整する必要があります。コストが

掛かるばかりであまり売上高が伸びない製品よりも、少しの手間暇を追加することによって売上が伸びる製品に注力する必要があります。最終的には、全社的な視点から最も売上高が最大になるような製品（サービス）の組合わせ（製品ミックス）を実現することが重要です。この指標を用いて、製品別の売上高の状況を把握します。

④顧客別売上高

顧客別に売上高を把握することも重要です。顧客の分類については、第9章でも学びました。特に大口顧客は、自社にとって重要な位置づけにありますので重要です。重要な大口顧客に対しては、売上の動向を細かくモニターして、顧客が離脱する兆候がないか、事前に把握できるようにします。

■ コスト分析

コスト分析（Cost Analysis）では、実際の営業活動にかかったコストを計上し、分析をおこないます。コスト分析に関しては、予算に対する実績の比率による予実管理が最もよく用いられます。

直接コストは、感覚的にわかりやすいと思います。日々の営業活動に用いられる経費の合計です。経費の中には、営業員の人件費や日当、通信費や交通費などが含まれます。**間接コスト**は、営業活動に直接関わりは無いけれども、全社的に発生する経費のことです。スタッフ部門（人事部や経理部など）の人件費や本社の光熱費などが該当します。

コスト分析をおこなう際の一番の課題は、コストの**割当（配賦）方法**です。たとえば、支店単位でのコスト分析をおこなう際に、全社レベルの経費をどのように割り当てるかは、企業によってさまざまです。全社レベルの経費には、営業員全員を対象とした研修の費用や、マーケティング本部が実施する全社的なマーケティング・プロモーションやキャンペーンの費用などがあります。

コスト分析は、営業員にコスト意識を定着させるという点が有効です。営業活動に伴う接待などの経費は、その使い方を誤ると無駄な出費となります。また、野放図な経費の利用を認めることは、長期的には営業員のモ

ラールの低下につながります。

　企業では、収益性の指標を高めることを狙って、コスト削減をおこなうことがあります。短期的にはそれで問題が無いかもしれません。しかし長期的な観点からみると、深刻な影響が出てくる恐れがあります。たとえば、必要な研修やトレーニングに関するコストを削減しすぎると、営業力の低下につながります。必要な旅費や経費を削減しすぎると、十分な営業活動を展開できなくなる恐れもあります。コスト分析の結果を用いて収益性の改善を目指す場合には、この注意点を忘れないようにして、慎重に見極める必要があります。

■ 収益性分析

　伝統的に、営業マネジャーや営業員の業績は、売上げに関連する指標によって評価されてきました。売上げに関する指標とは、売上げの伸び、ノルマ達成率、マーケット・シェアなどです。近年では、それらに加えて、**収益性分析**（**Profitability Analysis**）も重要であると認識されるようになってきました。

　財務分析の代表的な指標であるROI（投資利益率）は、次の式で求めます。それを下のように変換すると営業向けの指標になります。

ROI（投資利益率）
　ROI ＝ 利益（Net Profit）/ 投資額（Investment）

　本来は、「利益÷投資額」です。これを営業活動に関係するように変形すると、

　ROI ＝ Net Profit/Sales × Sales/Investment
　　　　利益 ／ 営業売上 × 営業売上 ／ 投資額
　　　　（営業売上利益率）×（投資回転率）

となります。

活動基準原価計算（ABC：Activity Based Costing）

　活動基準原価計算（Activity Based Costing）[76] も、収益性の評価指標として用いられる場合があります。近年の財務管理の考え方は、コストに対する考え方を大きく変えました。従来のコストの考え方は、コストの発生原因を探る点にありました。ABCでは特定の活動ごとに発生したコストを、該当部署の成果と結びつけます。活動に要したコストと結果を結びつけた分析をおこなうことによって、該当部署の収益性をより正確に把握することができます。

■ 生産性分析

　生産性分析（Productivity Analysis）は、営業員一人当たりの生産性を計算します。生産性分析では、他の指標では得られない診断的な情報を得ることができます。生産性分析が有効である理由は、営業組織を横断して直接比較することができる点にあります。また、他社の営業力と比較することもできます。たとえば売上高などの数値を用いて比較をする場合、部署や会社の規模などの違いから数字のオーダー（桁）が異なるため、正しい判断が難しくなります。生産性分析による比較では、そうした点がなくなります。

　生産性分析と収益性分析は、似通っています。収益性分析は主に財務・会計的な視点から捉えようとしているのに対して、生産性分析は管理的な側面から捉えようとする点が異なっています。現場の営業活動を管理する場合には、生産性分析を用いた方が有効であると言えます。

　生産性を向上させるためには、通常は次の2つのうちどちらかの手段をとることになります。

---

[76]　この指標による分析は、前出の顧客分析のABC分析（第9章）とは異なりますので注意が必要です。

①同じ量のインプットを使ってアウトプットを増やす

②アウトプットレベルは維持しながら、インプットを減らす

ベンチマーキング

　自社の評価が出たら、他社の業績と比較することも重要です。それが**ベンチマーキング**です。ベンチマーキングとは、自社のサービスや仕事のやり方を継続的に測定し、優れた競合他社やその他優良企業のパフォーマンスと比較することにより、自社のでき栄えを測定する取り組みのことです。比較した結果をもとに、何らかの改革をおこなうことで業務改善を実現します。他社のより良いところを取り入れる、他人の振り見て我が振り直せ、という発想です。ベンチマーキングのプロセスが、図46です。

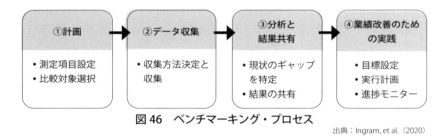

図46　ベンチマーキング・プロセス

出典：Ingram, et al.（2020）

　ベンチマーキングに際しては、漠然と良い点を見つけようとするのではなく、特定の活動に焦点を絞って比較分析するところがポイントです。また、どの程度詳細なデータが入手できるかがキーになりますが、外部から入手できるデータ（たとえば財務諸表に掲載のデータ）だけでも、ある程度のことはわかります。ベンチマーキングの成功のポイントとしては、以下のようなものがあげられます。

- ●品質やサービス、コスト削減に貢献度合いが高い、非常に重要な活動を特定すること
- ●ベンチマーキングの実行事項計画を実践すること
- ●ベンチマーキングの取り組みに十分な資源を割り当てること（経費だ

けではなく、適切な人材を割り当てる）

●ベンチマーク対象の選択を正しくすること

シックスシグマ（6 σ）

　自社の営業活動のパフォーマンスをより客観的（科学的）に評価するために、シックスシグマという指標を取り入れることも可能です。シックスシグマは、データ駆動型の手法です。シグマ（σ）とは統計学における標準偏差を意味します。シックスシグマでは、左右に 3 σずつ正規分布の中心から幅をとります。その幅の中で不良品の発生を抑える努力をします。そうすると、不良発生率は 100 万回のうちの 3 〜 4 回に抑えることになります。

　シックスシグマの考え方を取り入れて、営業活動の業務改善に活用しようとする場合もあります。ただし、シックスシグマはもともとは製造業の製造工程における考え方であり、製造プロセスをできるだけ完璧に実践するという考え方です。営業活動で活用する場合は、そのあたりの違いに注意する必要があります。

　シックスシグマにはいくつかの手法が提唱されています。代表的な手法は、DMAIC 手法と呼ばれ、① Define（定義）、② Measure（測定）、③ Analyze（分析）、④ Improve（改善）、⑤ Control（管理）、の 5 つのステップからなりたっています（図 47）。

図 47　DMAIC 手法のステップ

出典：Six Sigma（Wikipedia）

第13章

報奨制度

この章では営業員に対する報奨制度について学びます。

報奨制度には、金銭的報奨と非金銭的報奨があります。金銭的報奨は金銭的・経済的な利益のことです。給与やボーナス、その他の手当などが含まれます。非金銭的報奨は、昇進や昇格のことです。その他、福利厚生や経費なども報奨制度の一部であると考えられます。経費の使い方に関しては、営業活動の倫理的・社会的側面についても関連があります。

報奨制度の目的と機能

企業の経営目標を設定し、営業員の個人業績の評価をおこなったあとに、報奨制度により報酬などが配分されます。報奨制度は、大きな枠組みで考えると図48のような一連のプロセスの中に位置づけられます。報奨評価プロセスは、単に営業員の業績評価の結果のためだけに使われるものではありません。この図からもわかるように、報奨制度の結果は従業員の態度に影響します。まず、待遇に対する満足度や仕事に対する満足度や職場へのコミットメントに影響を及ぼします。最終的には、離職率の高低にまで及びます。

報奨制度は、公正に実践されることが重要です。経営者は、報奨制度が持つコントロールやモチベーションといった典型的な関心事に加えて、従業員が持つ公正さに関する認識にも配慮することが重要です。先行研究では、経営者の公正さに対する認識が、成果報酬型で働く営業員に大きな影響を与えることが示されています[77]。

---

[77] Rouziès et al. (2017)

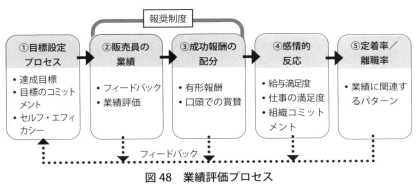

図 48　業績評価プロセス

出典：Bartol（1999）を筆者により一部編集

報奨を表す英単語

　この章の報奨という言葉は、英語では Compensation（コンペンセーション）に相当します。それ以外では、Reward に当てる場合もあります。報酬といった場合には、Renumeration という用語が該当します。給与は Salary で手当は Allowance です。その他、営業員に対して支給されるものに、Incentive（インセンティブ）があります。本来は刺激や誘因という意味のインセンティブという言葉は、日本語でもカタカナのまま使う場合が多いようです。コンペンセーションとインセンティブを比較すると、コンペンセーションは報酬全体というイメージ、インセンティブは歩合などの営業成績に基づく金銭的支給と整理できるかもしれません。ただし、必ずしも金銭的ではない（非金銭的な）インセンティブをおこなっている場合もあり、やはり混乱してしまいます。表 33 に日本語と英語の対応を示しておきます。

表 33　報奨の使い分け
－日本語・英語比較

報奨	Compensation Reward
給料	Salary
報酬	Remuneration
手当	Allowance
報奨金	Incentive

報奨制度の2つの視点

　報奨制度には、2つの視点があります。1つ目の視点は会社目線からの捉え方で、2つ目の視点が営業員目線からの捉え方です。

①会社目線からの捉え方

●営業員のモチベーションを向上させ、信賞必罰を徹底させる

　パフォーマンスを高め目標を達成するために、モチベーションを高めることが重要です。適切な報奨制度は、営業員のモチベーションを向上させることにつながります。頑張った人が正当に報われる公正な報奨制度の運用が重要です。そうしないと営業員の士気の低下につながります。

●営業員の行動管理

　報奨制度の執行によって、営業員は自分が何をすれば報われるかを理解することができます。その結果、安心して日々の業務に打ち込むことができます。

●優秀な営業員を引きつける

　中途採用をする場合には、魅力的な報奨制度があると有利です。同業他社に比較して有利な条件であれば、それだけ優秀な人材を獲得できる可能性が高くなります。

②営業員目線からの捉え方

●生活保障

　営業員から見た報奨制度の最も大きな目的が、自分や家族の生活を補償できる点にあります。特に、固定給的な給与体系は、業績や健康状態の浮沈に伴う不安定な経済状態を和らげます。一定の給与や傷病休暇・手当などの制度があれば安心して働くことができます。ただし、あまりこの部分を多くすると、一生懸命働かず手を抜くなどの「ただ乗り」が起こり、モラルハザードにつながります。そこで、インセンティブなどの業績に連動する制度の導入が必要になります。

●公正であること

　報奨制度が公正に実践されているかいないかは、営業員の士気に大いに

関わってきます。公正な報奨制度の実践には、客観的なデータに基づく評価が求められます。

●選択肢を提供する

　報奨制度の方向性には大きく２つのキャリアパスがあります。組織の中で昇進を目指すか、金銭的な見返りを目指すかです。特に営業員の場合には、報奨制度の存在のおかげで、現場の一匹狼的存在として金銭を追求する道が開けています。報奨制度に、こうした２つの選択肢のオプションが含まれていると、営業員は自分のライフスタイルや価値観に合った選択ができ、ワークバランスの幅が広がります。

報奨の種類

　報奨は、**金銭的報奨**と**非金銭的報奨**に分けられます。金銭的報奨は、**直接的**なものと**間接的**なものがあります。

　金銭的報奨の中で大きな割合が、給与とインセンティブです。営業員に対する報奨制度としては、業績に応じた歩合制（Commission）の組合わせがよくあります。さらに、完全歩合制という制度もあります。なお、今日の日本の法律では、従業員が完全歩合制で雇用されるのは違法となります。完全歩合制を採用できるのは、業務委託契約を結んでいる個人事業主などだけです。しかしながら、成果主義、実力主義を歓迎する近年の風潮の中では、完全歩合制のあり方が変わる可能性があります。昨今では、会社から副業（もしくは複業）が勧められたり、ギグエコノミー／ギグワーカーなどという新しい働き方の形も生まれてきています。

　非金銭的報奨は、おもに会社内部での組織上の便益です。昇進・昇格や出世、社内での高評価などがこれに当たります。昇進・昇格の場合は、それにともなって給与が増えたり待遇が良くなったりする場合が多いので、金銭的報奨の側面もあります。

金銭的報奨

報奨の中身を見てみると、異なったいくつかの側面があります（表34）。

表34　金銭的報奨の区分・性質・中身

区分	直接的		間接的	
性質	**生活保護**	**インセンティブ** （報奨金）	**福利厚生費** （フリンジ・ ベネフィット）	**経費**
具体的な中身	給与	ボーナス	有給休暇	旅費
		コミッション	保険	宿泊費
		利益配分	引越し手当	日当
			年金	接待費
			利益配分	その他
			その他	

出所：Spiro et al.（2007）を改変

■ 直接的報奨

　最初の側面が、従業員（営業員）の**生活保護**の役割です。これは主に**給与**（図49）によってまかなわれます。特に営業員で歩合制の場合、完全歩合制だと、営業成績が上がらないと金銭的な支払いがありません。そうした場合に最低限の賃金の保障がない場合、生活保障がない不安定な状態に置かれてしまいます。日本の場合は最低賃金制度がありますので、給与によって、生活の保障がされていると言えるでしょう。

　次に大きいのが、**動機付け**の側面です。ボーナスなどの一時金が該当します。歩合制を取り入れている場合であれば、基本給とは別に、売上高や成績に応じて、歩合やコミッションが支払われます。企業によっては、**インセンティブ**と呼ぶところもあります。

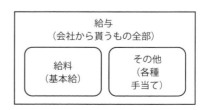

図49　給与とは

192

■ 間接的報奨

　三番目の要素は、**福利厚生費**（フリンジ・ベネフィット）です。給与以外の金銭的・経済的な利益のことです。具体的には、通勤定期代、制服の支給、有給休暇などです。

　最後の**経費**は、フリンジ・ベネフィットとして捉える場合もあります。出張時の旅費や宿泊費はわかりやすいでしょう。それ以外では、出張手当や日当があります。出張中の食事代が支給・補助される場合もあります。また、営業員にとって接待費は経費の一部でもありますが、飲食を伴うために一種の役得としてフリンジ・ベネフィット的な扱われかたをする場合もあります。なお、近年では、コンプライアンス面が厳しくなり、接待費の適切な使用が求められています。また、経費削減の観点から、多くの企業で接待費抑制の動きが加速しています。

◤ 非金銭的報奨

　経済的な利益を獲得することは、人が働く上での大きな目的です。しかし、人は金銭的利益のためだけに働くわけではありません。また、人のモチベーションは金銭的利益だけによって、かき立てられるわけではありません（第14章参照）。そのために多くの企業では、報奨制度に非金銭的報奨を提供しています。非金銭的報奨の内容としては、以下のようなものがあります。

①昇格・昇進

　いい業績を上げ売上目標（ノルマ）を達成した結果昇格することは、営業員にとっての大きな励みになります。また、昇格が累積すると、平社員から主任、部課長、マネジャー(管理職)といった役職に昇進することも、モチベーションを高める上で有効です。なお、昇格や昇進には一般的に昇給が伴うことが多いため、金銭的報奨の意味合いも持っています。また、昇格や昇進は、営業員のキャリア・デベロップメントにも連なっていきます。

②達成感

　努力や工夫によって困難な仕事をなんとかやり遂げたとき、人は大きな達成感を得ることができます。その結果、自己実現や自己効力感（第14章参照）の獲得につながります。特に金銭的メリットがなくても、モチベーションとしては大きいものになります。

③個人の成長

　上記の達成感に関連して、自己の成長につながる点も見逃せません。困難な仕事を通じて努力をすることは、本人のスキルアップにつながります。仕事に関連するスキルだけではなく、対人スキルや組織内調整スキルなどさまざまなスキルが向上すると、全体として個人の成長につながります。個人の成長はさらなる仕事の達成につながるため、好循環が生まれます。

④認知（他者からの評価や賞賛）

　いい業績を上げると、社内での評価につながります。人は社会的存在であるといわれるだけあって、仲間からの賞賛はうれしいものです。他人から評価をされると、ますますやる気が出てくるでしょう。

　ここで述べた非金銭的報奨は、組織内での昇進・昇格や認知といった社会的な利益の側面が強い制度です。先述のキャリアパスとの関連で言えば、経済的利益の追求よりも、社内での昇進を追求する方向性であると言えます。

◤ ノルマの考え方・決め方など

■ノルマとは

　営業員が一定期間の間に、達成すべき目標として設定されるのがノルマです（コラム参照）。ノルマは、営業管理の領域で計画と管理の両面に関わってきます。ノルマの大きな役割は、①営業員に対してモチベーションを与えることと、②営業員の業績を評価することにあります。ノルマを用いることによって、企業は営業員の努力を引き出そうとします。ノルマは営業

分析の一環としても用いられますし、業績評価の手段の 1 つとしても用いられます。また、ノルマを報奨制度とともに用いることで、効果的な営業力管理が可能になります。

　ノルマを設定する目的には、以下のようなものがあります。

- 会社の売上予測の基準
- 業績評価の判断基準
- 営業体制の長所・短所を明確にする
- 報奨制度の効果改善
- 販売経費の管理
- 営業員に対する目標設定
- 営業員のモチベーション向上
- 営業員の行動管理
- 営業員の生産性測定

■ ノルマ測定の指標

①販売数量

　一番単純でわかりやすい指標です。計測もしやすいために、多くの場合で用いられています。

ノルマの語源

　ノルマとはロシア語のHopмaという言葉から来ています。このキリル文字を通常のアルファベットに変換すると、Normaとなります。ノルマという言葉の意味は、強制的に課せられた労働の基準量のことです。多くの場合は、時間的な条件と労働の成果の目標量が用いられます。

　日本語ではノルマですが、ノルマのことを英語ではクオータ (quota) と呼ぶことが一般的です。クオータには割当量という意味があります。英語圏では、ノルマといわずにクオータと言わないとうまく伝わらないかもしれませんので、注意が必要です。

②収益性

粗利益（売上総利益、グロスマージン）か純利益（ネットプロフィット）を用いる指標です。上の販売数量に比較すると、営業担当員の収益性マインドを高めるため、会社によってはこちらが好まれる場合があります。

③経費

コスト削減を意識する企業では、営業活動に使用する経費額を指標として用います。

④行動目標

一定レベル以上の顧客満足度スコアを達成することを目標とする場合もあります。ただし、目標値設定や評価手法などの手続きが複雑であり、この指標単体で用いることはあまりないようです。

■ ノルマの決め方

ノルマの決め方にはいくつかの方法があります。一番大切なことは、あまり高すぎる目標を設定しないことです。先行研究では、ノルマの増加に伴って努力が増加するのはある時点までで、その後はノルマの増加によって努力が減少する可能性があることがわかっています[78]。その反面、少なすぎるノルマは、モラルハザードを起こしてしまうため問題です。

ノルマを決めるのに、企業全体の年間予算から必要となる売上数量を算出し、営業員の数で割って求めることも可能です。ただし、これも予算に下駄を履かせて大きめに見積もった場合には、達成不可能な数字になってしまいます。また、ノルマに対する認識が、管理職と営業員の間で異なっている場合には、問題が起こる可能性がありますので、注意が必要です。

以下にいくつかの基本的なノルマの設定方法を挙げておきます。

①過去の売り上げ実績をもとに決める方法

この方法は、最もわかりやすい方法だと言えます。多くの場合、人間の能力はいきなり高くなったりするわけではありません。したがって、昨年

---

*78　Darmon, R. Y. (1997)

度の実績は、今年度の業績の予測指標としては信頼性が高いと考えられます。ただし、この方法は、ビジネス環境が大きく変動した場合や、新入社員の場合には使うことができません。

②営業担当役員の判断により決める

この方法の運用は、少し注意が必要です。担当役員個人の考え方が大きく左右するからです。そもそも役員になるような人は、アグレッシブ（強気）な性格の人が多いでしょうから、その人が設定する目標も自然とアグレッシブ（高め）なものになるでしょう。それによって受ける仕事上のプレッシャーがかなりきつくなることが考えられます。

③報奨制度との組合わせの中で決める

報奨制度との組合わせで決めることは、営業員のモチベーション向上につながります。達成目標が明確化されるからです。ただし、設定されたノルマの割に報奨の中身が少ないと感じられると、モチベーションの低下につながる恐れもあります。

④営業員本人に決めさせる方法

この方法は、本人が決めるわけですから一見合理的で良さそうです。本人のことは本人が一番よく知っているからです。しかしながらノルマとの関連でいうと、少し目標を低めに設定しておいた方が達成しやすい目標になります。ここにモラルハザードが発生する危険性があります。一般に、人は高めの目標を設定して頑張れば、普段より優れたパフォーマンスを発揮できる可能性があります。ノルマ達成の安全性を考えて、目標設定を低めにしてしまうことは、最終的には組織の潜在的な売上げ可能性の実現を拒んでしまいます。

■ 良いノルマの条件

では、次に、良いノルマの条件について考えてみましょう。

以下のような特徴を持っている場合はよいノルマと言えるでしょう。

①現実的に達成可能である

もし設定されたノルマが営業力の限界を超えてしまっている場合は、い

くら頑張っても達成することができません。そうすると営業員は頑張ろうとするモチベーションを失ってしまいます。

②簡単に理解できて管理しやすいこと

ノルマの内容がマネジャーにとっても営業員本人にとってもわかりやすく、お互いの共通の理解を持ちやすいことが大切です。

③客観的で正確であること

ノルマとは潜在的な能力に対するゴール設定になります。上司や役員の判断といえども根拠がないものであると困ります。正当な根拠が必要です。

④柔軟性

市場の状況やその他さまざまな事情から、ノルマの達成が厳しい場合があります。ノルマの達成ができないことが正当な理由による場合は、ノルマの設定を柔軟に変更できることも重要です。

⑤公正さ

良いノルマというのは誰が見ても正しいと感じるものです。仕事の負荷は公平に割り当てられるべきです。しかしながらノルマの設定目標そのものは人によって違うかもしれません。営業員の能力に応じた、バランスを十分に考慮したものが良いノルマと言えるでしょう。

◤ 経費の位置づけ

営業活動では、経費の支出が欠かせません。経費はその性質上、報奨の一種として機能する側面があります。経費には、出張に伴う旅費や宿泊費、日当など、その他さまざまな費目があります。接待費などは、顧客と一緒に飲み食いができることから、フリンジ・ベネフィット的な一面もあります。また、日当や手当は臨時報酬的な側面があります。

経費処理をスムーズにおこなうためには、経費口座の管理が重要です。経費の管理では、立替払い、事前支給、または会社名義のクレジットカードによる決済などがおこなわれます。営業員の立替払いの払い戻しや事前

支給などではスムーズな処理が必要とされます。旅費や交通費については、時間的・費用的に判断して合理的な経路を選択するようなルールが必要でしょう。その他、自家用車の利用についても規則が必要です。

経費の使用に関しては、営業員による経費の不正使用について、十分な監視と管理が必要です。そうしたコントロールがうまくいっていないと、経費の架空請求や水増し請求（Padding）などの問題が起こるリスクがあります。出張に関わる経費の取扱についても、適切に処理をすることが重要です。最近では、ＳＮＳなどで不正情報が流出してしまうと、炎上することで会社のイメージの低下につながります。また、接待費を用いた贈収賄問題などもありますので、注意が必要です。

法律的に贈収賄の罪を問われるような使い方は論外ですが、社内の規則などを遵守する必要もあります。会社としてはコンプライアンスの観点からも、倫理的側面にも注意することが必要です。全般的に、経費の使い方については、従来以上に注意する必要があります。

◤ 営業活動に関する倫理的側面

■ 今日の企業活動と CSR ／コーポレートガバナンス／コンプライアンス

今日の企業経営には、社会的責任が求められています。**社会的責任**（ＣＳＲ：Corporate Social Responsibility）は、透明で倫理的な行動を通じて、組織の決定と活動が社会と環境に与える影響に対する組織の責任であるとされています。ＣＳＲは会社としての取り組みですが、従業員一人ひとりの行動にも、ＣＳＲの考え方に沿った行動（これを倫理的行動と呼びます）が強く求められています。ＣＳＲを推進するうえで必要なのが、**コーポレートガバナンス**です。

コーポレートガバナンスの重要性が指摘されるようになったのは、比較的最近になってからのことです。その背景には、1990年代以降から、銀行制度の変化と資本市場における規制緩和が起こったことがあげられます。コーポレートガバナンスの目的は、直接的には、経営陣による不正行

為や不祥事を防止することです。間接的には、健全な企業経営をおこなうことによって、会社の持続的な成長と中長期的な企業価値の向上を図ることです。コーポレートガバナンスに取り組むことは、会社のステークホルダー（利害関係者）全員にとってのメリットにつながります。

　コーポレートガバナンスの基本的な取り組みの１つが、**コンプライアンス**です。コンプライアンスは、日本語では**法令遵守**ともいいます。産地偽装やラベルの虚偽表示などの不祥事は、法令遵守違反であり企業イメージの低下と消費者の離反を招きます。それは企業経営にとって大きなダメージです。その反面、コンプライアンスを実践することは、企業イメージの向上・消費者の好感を通じて、業績の向上が期待できます。さらに、コンプライアンスを実践することは、従業員のモチベーション向上にもつながります。これは、**従業員満足度（ES）**という観点から非常に重要です。ここで述べたことは、企業全体だけではなく、一人ひとりの営業員が営業活動を実践するうえにおいても当然当てはまります。

■ 営業活動に伴う不正行為のリスク

　営業活動では、顧客に対する働きかけが結果（業績）に大きく影響します。そのために、倫理的側面を注意して意識的に行動しないと、誘惑に駆られ不正をおこなってしまう危険性があります。特に営業活動には、以下のような営業活動特有の制度がある点も、こうした誘惑の要因となるため、なおさら注意が必要です。

　営業活動には、顧客への**接待**がつきものです。ただし、この接待は、会社の経費として認められる範囲でおこなう必要があります。その上で費用対効果を考えて実施する必要があります。担当営業員が個人的快楽のために接待制度を悪用すると、モラルハザードが起きてしまいます。接待の際には、経費を適切に使うように注意しないといけません。

　リベートという制度は、取引相手に利益供与（謝礼や販促金などを金銭で渡すことが多い）をおこなう制度です。リベートと聞くと、政治家や官僚の不正時のニュースなどのイメージで印象が悪いですが、必ずしもすべてが悪

いことではありません。リベートとほぼ同じ意味で、キックバックやバックマージンという場合もあります。これらの制度は、一般的には一定数量以上の売上を達成するなどの、一定の条件を満たすことが必要とされます。そうした条件をごまかして、相手に利益供与をおこなうことは不正行為になります。

　不正な利益供与の典型が**賄賂**です。賄賂とは、自分の利益になるよう取り計らってもらうための目的で贈る金品という意味です。袖の下ともいいます。取引相手の職権に基づいて発生する、見返りを期待しての行為です。金品のほかに、ギフト券、寄付、値引き、旅行への招待、就職の斡旋、性的サービスなども含まれます。供与した方もされた方もともに、贈収賄（贈賄・収賄）行為は問題のある行為です。こちらから発注の見返りに金品を要求することや、顧客からの不正行為の持ちかけに応じることも不正行為となります。

■ 営業活動における倫理的行動について

　営業活動に付随する不正行為を防ぐためには、以下のような施策が考えられます。

①倫理研修

　通常の研修プログラムの中に、倫理的行動についての研修を取り入れることは有効です。研修を通じて、営業員がコンプライアンスの考え方を身につけることが期待できます。また、法律などで禁止されている行為などについて学ぶことで、単純な知識不足による不正行為などを防止することも期待できます（クーリングオフ制度や、セールストークでの強制、虚偽・誇大情報・誤解を生じさせる情報の提供など）。

②組織風土の見直し

　営業活動での不正行為を防止するためには、企業風土の見直しも有効です。特に現在の組織が、結果重視・ノルマ至上主義の場合は注意が必要です。イケイケドンドンのいわゆる体育会系のノリの職場は、活力があって一定の目標を達成するためには効果があるかもしれません。しかしなが

ら、部署全体が雰囲気に流されて、不正行為を見逃したり、手段を選ばない行為を助長したりする恐れがあります。そういう恐れがある場合には、職場の組織風土について見直す必要があるでしょう。

③職業倫理の確立

個人／会社を問わず、自分の職業に対する誇りを持って仕事をおこなうことが重要です。営業員としての職業倫理を意識することは、不正行為の抑止力となります。良識のある社会人としては、当然の心がけであると言えます。

第 14 章

営業員とモチベーション

　本章では、営業員とモチベーション（動機付け）の関係について学びます。どうしても仕事が手につかない、やる気になれないという時に大切なのが、本章で学ぶモチベーションです。これまでにモチベーションに関する、さまざまな研究がおこなわれてきました。この章では、その中から主要な理論について学びます。

なぜモチベーションについて学ぶのか

　仕事をする際にどうしても仕事が手につかない、やる気がまったく湧いてこない、といった経験をしたことがあるでしょう。そういった時にありがちなことが、とにかく頑張れと精神論で乗り切ろうとすることです。特に営業の現場でよく見聞きすることでしょう。あるいは、禅や瞑想などで心を落ち着かせたり、マインドフルネスに取り組んだりする場合もあるかもしれません。

　でもその前に、そもそも人のモチベーションがどのように機能しているのかということを知っていればどうでしょう？　これまでの見方や考え方が変わり、モチベーションに関する問題を解決することができるかもしれません。そこで大切になるのが、本章で学ぶ**モチベーション**（動機付け）です。

　モチベーションに関しては、これまでにさまざまな研究がおこなわれてきました。また、数多くの理論も提唱されています。本章では、最初にモチベーションに関する基本的な概念について学びます。その後で、代表的なモチベーション理論について学びましょう。

モチベーション（動機付け）

　モチベーション（**動機付け**）は、パフォーマンスに関わる大きな要因であるとされています。モチベーションは、「行動や心の活動を、開始し、方向付け、持続し、調整する、心理行動的なプロセスである」と定義されています[79]。日常会話では、モチベーションの意味合いで「意欲」や「やる気」がよく使われます。た

だし、よく勘違いされるのが、「動機付け（モチベーション）」と「動機（motive）」の違いです。「動機」は、動機付けプロセスを生じさせて維持させるもので、動機付けプロセス全体を構成する要素の１つです（図50）。

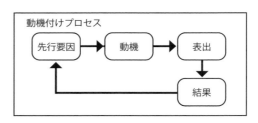

図50　循環的な動機付けのプロセス

出典：上淵・大芦（2019）

■ 外発的動機と内発的動機

　モチベーションを考える上で重要な概念が、**外発的動機付け**と**内発的動機付け**です。**外発的動機付け**は、賞罰によってわれわれのやる気を出させようとします。古くからのモチベーション研究における中心的な考え方でした。いわゆる、アメとムチという考え方です。外発的動機付けの具体的な内容としては、報酬、昇進、賞賛などがあります。これらの刺激は、基本的には外部からもたらされるため、他人によって与えられる報酬が刺激となって、行動を遂行していることになります。これは逆に捉えると、外部からこうした刺激を得られないと、われわれは自分からは何もしないと見なしていると言えます。

　内発的動機付けは、活動自体から生じる固有の満足を求める動機付けで

---

*79　上淵・大芦（2019）

す。内発的動機付けでは、外部から報酬が与えられるわけではありません。仕事のでき映えとか仕事のやりがいのような、本人が感じる価値観が基本となっています。この点で、活動とは別に動機がある外発的動機付けとは異なっています。

　外発的動機付けと内発的動機付けでは、内発的動機付けの方がパフォーマンスを高めるとされています。その理由は、内発的動機付けの方が、質の高いやる気とされるエンゲイジメントを促す働きがあるからです。エンゲイジメントとは、仕事に対する関与度合いが高い状態のことです。その結果、パフォーマンスが高くなると考えられています。

◢ エンゲイジメント

　エンゲイジメントは、動機付けプロセスの中で、動機付けの表出として取り上げられています。エンゲイジメントには、以下のような3つの側面があるとされています [80]。

①行動的エンゲイジメント

　どの程度課題に注意を向け、努力し粘り強く取り組んでいるか。

②感情的エンゲイジメント

　どの程度、興味や楽しさといったポジティブ感情を伴って取り組んでいるか。

③認知的エンゲイジメント

　物事を深く理解したり、高いレベルの技能を身に付けようとする意図を持ち、自分の活動についてきちんと計画し、モニターし、自己評価するような問題解決プロセスとして取り組んでいるか。

　これらの三側面が同時に機能することによって、パフォーマンスが高められる結果につながります。こうした点が、エンゲイジメントが「質の高

---

[80]　鹿毛（2012）。なお、行為主体（Agency）を加えて4つの側面とする説もあります。

いやる気」の時の心理状態だといわれるわけです。言いかえると、仕事の
やる気が出ないときは、エンゲイジメントが充分に高まっていないからだ
と考えられます。

ワーク・エンゲイジメント

ワーク・エンゲイジメントは、オランダ・ユトレヒト大学のシャウフェ
リ教授らが提唱した概念です。仕事に関連するポジティブで充実した心理
状態として、①「仕事から活力を得ていきいきとしている」(**活力**)、②「仕
事に誇りとやりがいを感じている」(**熱意**)、③「仕事に熱心に取り組んで
いる」(**没頭**)の3つが揃った状態として定義されます[*81](図51)。

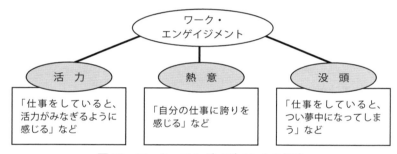

図51　ワーク・エンゲイジメントの概念

出典：厚生労働白書『令和元年版 労働経済の分析 』

　ワーク・エンゲイジメントの概念が生まれた背景には、従来のネガティ
ブな側面よりも、ポジティブな側面に焦点を当てた研究の方が有益である
という考え方があります。ワーク・エンゲイジメントの作用は、仕事の要
求度と仕事の資源が影響を及ぼす要因であると説明されます。仕事の要求
度には、時間的なプレッシャー、精神的・肉体的な過酷さ、役割の曖昧さ、
雇用状況などが含まれます。仕事の資源には、組織に関連した外的な資源

---

*81　シャウフェリ＆ダイクストラ（2012）

（上司・同僚からの支援、職場の雰囲気、キャリアアップの見込みなど）と、個人に関する内的な資源（楽観主義、レリジエンス、自己効力感など）が挙げられています。

　令和元年版「労働経済の分析」の調査結果によると、ワーク・エンゲイジメント・スコアと個人の労働生産性には正の相関があり、ワーク・エンゲイジメントを向上させることは、個人の労働生産性の向上につながる可能性が指摘されています。ノルマなどからくる仕事のプレッシャーが強いことを考えると、営業員がワーク・エンゲイジメントの考え方を理解しておくことは重要であると言えるでしょう。

自己効力感

　自己効力感（セルフエフィカシー） は、カナダ人心理学者のバンデューラによって提唱されました。具体的には、「自分がある状況において、必要な行動をうまく遂行できるか」に対する認知です。これは、自分自身の能力への自信といってもよいでしょう。

　自己効力感が高いひとほど、自分はもっとできると考えるので、より高い目標を設定することになります。さらに自己効力感が高い人は、実際の行動・努力の自己管理も徹底しておこなう傾向があります。その結果、自己効力感が高い人は、逆境でも努力を持続できる場合が多くなります。つまり、自己効力感の高い人は優れた成果を上げやすく、その効果でさらに自己効力感が増していくという、ポジティブなフィードバック・ループができあがります（図52）。

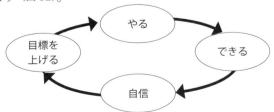

図52　ポジティブなフィードバック・ループ

自己効力感に影響を与える要因として、バンデューラは以下のような要因を挙げています。

①過去の自分の行動成果の認知

②擬似体験

　他者の行動・結果を観察することで、自身の自己効力感が変化すること。たとえば、自分に似た人の成功を見ると、自分もできるだろうと考えます。

③成功するという信念

　特に周りの人から、「君ならできる」と言われることによって、この信念が強められていきます。逆に、あまりにも早く、準備もできていない状況で言われると、自己効力感を下げてしまいます。

◤ 代表的なモチベーション理論

　さまざまなモチベーション理論を理解することによって、人が仕事に取り組むときの心理的な状況を理解できるようになるでしょう。そうした理解は、営業員のモチベーションを高めるための具体的な施策を考えるときに役立ちます。

　以下の項では、代表的なモチベーション理論について説明します。モチベーション研究には、三大理論というものがあります。三大理論とは、①期待理論、②達成目標理論、③自己決定理論の3つです[*82]。順を追って説明しましょう。その後に、三大理論に加えて、職務特性理論と帰属理論を説明します。

◤ 期待理論

　期待理論（**Expectancy theory**）は、仕事の達成可能性や報酬[*83] が得られ

---

*82　3つの選び方はこれ以外にもあり、異なる場合もあります。

*83　報酬は基本的には外発的なものを想定。

る可能性によって、その人の行動が影響されると考えます。その際に人は、次の3つの要因を主観的に判断し、その結果によって仕事に対するモチベーションの度合いを変化させると考えます。

①期待（Expectancy）：努力とパフォーマンスの関係

その仕事が達成できる可能性です。自分の努力の程度と、目標とするレベル以上の成果をあげることができるかについての見込みです。一生懸命努力すれば目標が達成できるという確信が強ければ、モチベーションは高くなります。その反面、いくら努力しても目標が達成できないと思っていれば、モチベーションは低くなります。

②手段性（instrumentality）：パフォーマンスと報酬の関係

一定レベル以上のパフォーマンスを上げることによって、組織からの報酬が期待できることに対する見込みです。自分の仕事のパフォーマンスを達成することによって、会社から必ず報酬が得られる見込みがある場合には、モチベーションがあがります。その反面、いくら自分が努力して目標を達成しても、どうせ会社からは何の報酬も得られないと感じていると、やる気は出てきません。

③誘意性（valence）：報酬と個人の目標との関係

受け取ることが期待できる報酬に対する本人の好み。その報酬が本人の個人目標の実現に向けて重要で満足させることができるか、またその報酬が本人にとってどのくらい魅力的であるか、という点です。報酬が非常に魅力的でどうしても欲しいものである場合には、モチベーションは上がります。自分にとってその報酬が、たいして魅力的でもなく、将来のためにもあまり役立たないと思われれば、モチベーションは下がります。この3つの要因の関係を図にしたものが、図53です。

期待理論の知識は、マネジャーが営業員のモチベーションを高めるための参考にすることができます。たとえば、以下のようなことをマネジャーがおこなえば効果的であると考えられます。

- 営業員に対して、努力をすれば目標は達成できると信じさせることが重要。あまりにも高すぎる目標設定は、達成不可能と考えられると逆効果

①期待（Expectancy）：努力とパフォーマンスの関係
②手段性（instrumentality）：パフォーマンスと報酬の関係
③誘意性（valence）：報酬と個人の目標との関係

図 53　期待理論の 3 要因の関係

出典：Robbins and Judge（2017）

になる。

- 組織にとって、望ましいパフォーマンスのあり方を示す。そのために
  は、組織の行動基準や価値観をあらかじめ明確にする。
- 営業員の個人的目標と組織の目標が一致しているかどうかを確認し、で
  きるだけ両者が連動しているようにする。
- 目標を達成すれば、かならず報酬が得られることを約束することも大
  事。しかもその時に得られる報酬が、本人がとても欲しがっているもの
  であれば、より一層努力を発揮することが期待できる。

　期待理論は妥当性の高い理論である反面、問題点も指摘されています。
一番の問題点は、人間は仕事の達成可能性や報酬が得られる可能性のみを、
常に計算して行動するとは限らないという点です。たとえ達成可能性が低
くても、あるいは得られる見込みの報酬が少なくても、難しい仕事に挑戦
する人間がいることを、この理論ではあまり考慮に入れていません。現実
の人間行動は複雑なので、1 つの理論だけですべてを説明することは難し
いのかもしれません。

　Friend ら [84] は、BtoB 営業員を対象に期待理論を用いて満足度調査を実
施し分析しています。営業員の業績の向上のためには、組織方針や支援に
対する満足度を高め、営業員の期待を適切に調整することが重要であるこ

---

[84]　Friend et al.（2013）

とを明らかにしています。

目標設定理論

仕事の成果を上げるためには、目標を設定して取り組めばいい。当たり前のように感じるかもしれません。しかし、こういう当たり前のことを実行することが、とても難しかったりします。また、こういった当たり前のようなことについても古くから研究がおこなわれており、研究の成果は**目標設定理論**（Goal-setting theory）として知られています [85]。

目標設定理論によると、高いパフォーマンスを上げるためには、具体的で困難な目標設定が必要であるとされています。目標設定と動機付けの間の関係はとても複雑ですが、簡単に言えば次のようになります。目標設定は、動機付けの 3 つの側面（選択、努力、粘り強さ）に対して影響をおよぼします。困難な目標設定が、やらざるを得ない状況を生み出します。その結果、高い動機付けが誘発され、最終的に高いパフォーマンスに繋がると考えられています。

逆に、簡単な目標、抽象的な目標、私たちがよくやる「最善を尽くす」「一生懸命頑張る」といった励ましのような目標は良くありません。こうした漠然とした目標設定では、高い動機付けが得られず、結果的にパフォーマンスもそれなりに終わってしまいます。

目標設定理論では、次の 7 つのプロセスから目標を設定していきます（図 54）。

| 1 見たい結果を考える | 2 SMART 目標を作る | 3 目標を書き出す | 4 行動計画を作成する | 5 タイムラインを作成する | 6 行動を起こす | 7 進捗状況を再評価し、評価する |

図 54　目標設定理論の 7 プロセス

*85　Locke and Latham（2002）

2番目の**SMART目標**とは、設定する目標に関する重要な原則とされています。SMARTは、設定目標の特徴を表す以下の言葉の頭文字をとっています。こうした特徴を持つ目標を設定することが、重要であると考えられています。

S：Specific（具体的）

M：Measurable（測定可能）

A：Attainable（達成可能）

R：Realisitic（現実的な）

T：Time-bound（期限のある）

困難な目標設定をすすめる目標設定理論によれば、設定された目標の内容が大切であることがわかります。現実的には、達成可能な具体的な目標を設定することが重要です。

販売代理店の販売員に対する調査では、売上げ目標を自分で設定した場合の方が、上司が設定した場合よりも優れていることがわかりました。また、優秀な販売員は、目標設定を高めにすることも明らかになっています[86]。自分が設定した目標と会社が設定した目標と業績の関係を分析したBtoB営業員に対する研究では、自己設定目標であっても、一定の閾値を超えた目標に対しては、営業努力が減少していることが明らかにされています[87]。ここでも、目標設定の大切さがわかります。

自己決定理論

自己決定理論（**Self-determination theory**）は、人間の行動やパーソナリティの発達に関する動機付け理論です。RyanとDeciによって提唱されました[88]。自己決定理論では、基本的な前提として、人間は活発な存在であり、

---

*86 Wotruba (1989)

*87 Fu et al. (2009)

*88 Ryan and Deci（2000）

成長や発展、自己啓発などに取り組む傾向を生まれつき持っているとしています。また、人を取り巻く環境や状況によって、成長や発展が促進されたり妨げられたりすると想定しています。

人の内部の条件と外部の状況という組合わせの中で、モチベーション（動機付け）が生み出されます。その時に産み出されるモチベーションの程度に影響を与える要因として、①自律性、②有能感、③関係性の３つをあげています（図 55）。

図 55　自己決定理論の枠組み

出典：Self-determination theory (Wikipedia)

①**自律性**（Autonomy）

自分のことは自分で決めることができるかどうかということです。人は自律的に動機付けをした場合は、他人から何をすべきか指示された場合と比較すると、仕事のパフォーマンス、幸福度ならびに関与度が高くなるといわれています。

②**有能感**（Competence）

自分で結果をコントロールすることができ、自分が有能であると感じられるかどうかです。思いがけない賞賛を得られた場合などは、動機付けが高まります。これは、自己の有能感に対する欲求が満たされたからだとされています。

③**関係性**（Relatedness）

人が他者とつながりたい、交流したいと感じる欲求をあらわします。今日の SNS をみてもわかるように、人は他人との関係性を重要であると考える傾向があります。関係性を得られることが、モチベーションの高揚に

繋がります。

　自己決定理論による最も大きな変化は、従来のように動機付けを内発的動機、外発的動機として別々のものとして捉えるのではなく、それらを1つのものとして認識しそれぞれの配分が異なっているものとして捉えようとする点です。

　最近の営業活動の変化を考えると、自己決定理論によって営業員の動機付けを解釈することは、時宜を得たものであると言えるでしょう。今日では、現場での判断が要求されるからです。そこでは、自律性と有能感が必要とされます。自己決定理論を用いて、独自の販売活動を展開する動機を解明した研究があります[89]。また、自己決定理論の先行研究のメタ分析をおこなって、営業員のパフォーマンスには、内発的動機付けの方が外発的動機付けよりも影響度合いが大きいことを示した研究などもあります[90]。

職務特性理論

　職務特性理論（**Job characteristics theory**）は、内発的動機付けを重視するものとして提唱されました[91]。この理論は、特に職務設計に大きな影響を与えました。

　この理論で用いられる職務特性モデルは、職務特性と個人の職務への動機付けの関係を明らかにします。そこでは、モチベーションを高めるためには、内発的動機が重要であるとされます。内発的動機を高めるためには、5つの職務特性が重要であるとしています。5つの職務特性とは、①スキルの多様性、②タスクの一貫性、③タスクの重要性、④自律性、⑤フィードバック、の5つです。

---

*89　Hohenberg and Homburger（2016）
*90　Good et al.（2022）
*91　Hackman and Oldham（1976）

①スキルの多様性

従業員が自分のスキルや能力に挑戦するような活動をおこなうことを、仕事が要求する度合い。

②タスクの同一性

仕事が識別可能な仕事の遂行を必要とする程度。

③タスクの重要性

仕事の成果が他者に実質的な影響を与える度合い。

④自律性

仕事のスケジューリングや遂行方法の決定において、従業員に裁量権が与えられている度合い。

⑤フィードバック

従業員が自分の仕事の努力の効果に関する情報を得る度合い。特に、第三者（たとえば、上司）からのフィードバックではなく、仕事そのものに直接関連するフィードバックに重点を置いている。

HackmanとOldhamは、仕事の設計が上記の職務特性を満たしていれば、従業員は仕事にやりがいと責任を感じ、仕事が満足に完了したかどうかを知ることができると説明しています。その結果、内発的動機付けの結果として、質の高い仕事のパフォーマンスと高い仕事の満足度が得られることにつながります。

その上で、図56で算出される、**MPS**（Motivation Potential Score）と呼ばれる指標を開発しました。この指標は5つの要因に対してそれぞれ3問ずつの質問から構成されています。

$$MPS = \frac{①スキルの多様性＋②職務の一貫性＋③職務の重要性}{3} \times ④自律性 \times ⑤フィードバック$$

出典：Hackman and Oldham（1976）

図56　MPS 算出式

職務特性理論が優れているのは、仕事の特性そのものに注目して、実務的な観点から職務満足やモチベーションを論じた点にあります。そうした点から、職務特性理論は、実務的な活用・実践度合いが高い理論であるとされています。職務特性理論が、職務内容と管理システムを同時に変更する場合に、有効な指針となることを示した研究があります[*92]。

帰属理論

帰属理論（**Attribution Theory**）は Heider によって提唱され、Weiner や Kelly によって発展されてきた理論です。帰属とは、個人が自分／他人の行動や出来事の原因を説明する心理的プロセスのことです。帰属理論は、特に他人の行動を判断したいときに用いると効果的です。

帰属理論では、個人の行動を観察したときに、その人の行動の原因が内的要因によるものか外的要因によるものかを見極めようとします。判断は、①弁別性、②合意性、③一貫性、の3つの要素に左右されます（図57）。

①**弁別性**（**Distinctiveness**）：個人がさまざまな状況で異なる行動をとるかどうか

特定の状況下でのみ行動を示す場合（つまり、行動が例外的なものである）は、弁別性が高いと判断し、その行動の原因は外的要因に帰属されます。逆に、個人がすべての状況で同じように行動する場合は、弁別性は低く、行動の原因は内的要因に帰属されます。

悪天候の時に遅刻した人は、交通機関の遅れなどによる外的要因だと判断します。どのような天気のときでも遅刻する人は、その人の個人的な内的要因（例：怠け癖）が原因になっていると判断します。

②**合意性**（**Consensus**）：同じような状況に直面した誰もが同じような反応をするかどうか

他の人も同じような行動を取っている場合、合意性が高く行動の原因は

---

*92　Woods (1983)

外的要因であるとします。特定の個人だけがその行動を取っている場合の合意性は低く、行動の原因は内的要因だと思われます。

　みんなが始業時間に遅れているのは、やむを得ない外的要因（交通機関の遅れ）によることが考えられます。特定の一人だけ遅刻するのは、その人の内的要因によるものだと判断します。

③一貫性（Consistency）：その人の行動に一貫性があるかどうか

　個人の行動が常に一定である場合は一貫性が高いと判断し、その行動の原因は内的要因に帰属されます。そうでない場合は一貫性が低いため、行動の原因は外的要因と判断します。

　いつも遅刻してくる人は、一貫性が高いため、遅刻の原因は個人の問題（内的要因）であると言えます。普段はめったに遅刻をしない人がたまたま遅刻をするのは、何らかの事情（外的要因）によるものだと判断することが妥当です。

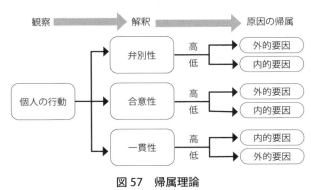

図57　帰属理論

出典：Robbins and Judge（2018）

　帰属理論を用いると、営業員の行動に問題行動があった場合、ここでみたような観察をおこない、その原因が内的要因か外的要因かを探ります。そうすれば、要因別に適切な対処をすることができます。内的要因であった場合は、問題は個人の責任に帰するものと判断します。外的要因が原因であれば、外的要因（たとえば、組織的な問題点）を除去することで対処でき

ます。上司が営業員を評価する場合（特に失敗とその対処方法を検討する場合）
の、帰属理論の有効性を示した研究があります[93]。

営業員のモチベーションについての研究

これまでの営業研究で用いられている、各種モチベーション理論を整理
したものが表35です。この表では、縦軸に動機付けの種類を、横軸に個
人の性向を取っています。縦軸は、外発的動機付けと内発的動機付けです。
横軸の個人の性向では、認知的な方向性として、自己決定、有能さ、など
の項目を、感情的な方向性として、興味、興奮度合い、フロー状態、など
の項目を取っています。それぞれの組合わせを見ると、個人の動機付けの
方向性がわかります。

表35　動機付けの方向性の分類

	認知的	感情的
外発的動機付け	報酬追求	承認欲求
内発的動機付け	挑戦追求	仕事を楽しむ

出典：Amabile et al.（1994）より著者作成

●報酬追求

仕事をおこなう目的は、報酬を得ることが主な目的であるタイプの人で
す。仕事でいくら稼げるかが、最も大きな関心事です。

●承認欲求

他人からの賞賛で自己の承認欲求を満たそうとする人です。

●挑戦追求

常にチャレンジしていたいタイプの人です。新しくて難しい問題を解く
ことに喜びを感じます。

---

[93]　Dubinsky et al.（1989）

● **仕事を楽しむ**

仕事そのものを楽しむタイプの人です。

このように、営業員のタイプによって、追い求める志向性が違っている
ことは、第13章で学んだ報奨制度を考える上で、参考になるでしょう。

第15章

キャリア・デベロップメント

　営業員に限らず、ビジネスパーソンにとって、キャリア・デベロップメントを考えることは重要です。本章では、キャリア・デベロップメントの基本的な考え方と代表的な概念を学びます。

◤ キャリア・デベロップメントについて

■ キャリア

　キャリアとはどういう意味でしょうか？　今日の日本では、「キャリア官僚」や「キャリアアップ」などの言い方で使います。前者の場合は、超一流大学の卒業生や難関資格を取得した人がつける職業というイメージです。後者の場合は、自分の仕事の経歴（業務経歴）という意味です。キャリア・デベロップメントでのキャリアは、後者になります。自分の職業人生をどのように構築し追求していくのかという視点にたった、自分の生き方そのものと言っていいでしょう。

■ キャリア・デベロップメント

　自分の職業人生を考えた上で、キャリアを発達させていこうとするのが、**キャリア・デベロップメント**です。自分の職業上のステータスを少しでも向上させるために、普段から身体的・精神的な成長を実現していく取り組みであると言えます。また、キャリア・デベロップメントに関しては、自分のキャリアを管理するという意味で**キャリア・マネジメント**の発想が重要になります。

　キャリア・デベロップメントを考える際には、いくつかの視点があります。1つ目は、**時間的な視点**です。キャリア・デベロップメントを実践するためには、長期的な視点と短期的な視点から考えることが重要です。特

に、大きな目標や高いゴールを目指す際には、長期的な視点にたって十分な準備と絶え間ない努力が必要となります。それとは別に、当面の自分の生活を維持していくという観点から、短期的な視点でキャリア・デベロップメントを考えることが必要になる場合もあります。

　次の視点は、**誰のために**キャリア・デベロップメントを考えるかという視点です。個人の視点でキャリア・デベロップメントを考える、というのが本来の考え方です。一方、会社の視点からキャリア・デベロップメントを考える場合もあります。これは、個人のニーズと会社のニーズをいかに合致させるかということです。会社の視点から考えるキャリア・デベロップメントは人材開発であり、おもに社内研修で対応することになります。

　最後に、誰がキャリア・デベロップメントを考えるかという**主体性**の視点です。基本的には、本人が自分のキャリア・デベロップメントを考えることになります。近年では、キャリア・カウンセラーやキャリア・プランナーと呼ばれる人たちも増えてきています。こうした自分以外の専門家に相談するということも、キャリア・デベロップメントを考える上では有効です。また、会社がおこなう人材開発の場合には、会社の人事部門のスタッフがキャリア・デベロップメントを考えてくれるかもしれません。あるいは、転職の際のヘッドハンターなども、それに該当します。

◢ キャリア・デベロップメントの誕生

　職業を選択する際には、多くの職業の中から自分の能力に見合った職業を選択することが重要です。ここから**職業適性**という考え方が生まれました。職業適性についての研究の始まりは、20世紀初頭の米国ボストンで始まりました。ボストンで活躍していたパーソンズ（Parsons, F.）は、青少年のための職業相談所を開設し、Vocational Guidance（職業支援）と命名した就職支援をおこないました。パーソンズのVocational Guidanceは、今日の**キャリア・ガイダンス**の始まりであるとされています。パーソンズは、賢明な職業選択のためには以下の3つの要因があると指摘し

ています[94]。

①自分自身、自分の適性、能力、関心、野心、資源、限界、およびその原因を明確に理解すること。

②さまざまな仕事における成功の要件と条件、利点と欠点、報酬、機会、見通しについての知識があること。

③上記両者の間の関係について正しく推論（True Reasoning）すること。

　パーソンズは、職業選択における自己分析の重要性を指摘して以下のように述べています[95]。

　「自分の能力を最大限に発揮して成功を収めるためには、自分の最高の能力と熱意を日々の仕事に結びつける必要がある。そのためには、自分の能力、関心、資源、限界とその原因を明らかにし、自分の適性、能力、野心などをさまざまな業界の成功条件と比較できるように、自分自身を見つめ直す必要がある。」

　こうしたところから、パーソンズはキャリア・デベロップメントの父とされています。

▶ 職業適合性

　職業指導については、特性・因子説によるものと、精神分析学・深層心理学などの系譜から提唱された心理動態説によるものの、大きく2つの流れがあるとされています。スーパー（Super, D.E）は、それら2つの流れを統合し人と職業との関係のふさわしさを規定する条件として**職業適合性**（**vocational fitness**）を提唱しました。その背景には、個人の職業適応に関

*94　Parsons（1909）
*95　同上

しては、身体的、生理的、精神的機能の適合だけではなく、それ以外にも意欲、興味、感情などといった要因も関わっていることが明らかとなってきたからです。

　スーパーの定義による**職業適合性**は、大きく 2 つの要因に分けられます。1 つ目は**能力（ability）**です。能力については、**適性（aptitude）**と**技量（proficiency）**に分けています。適性とは将来のパフォーマンスを予測する学習可能性のことであり、技量とは現在何ができるのかという内容で、パフォーマンスを予測する能力的特性を測定するものです。適性には、知能（intelligence）、空間知覚（spatial perception）、精神運動能力（psycho-motor speed）などがあります。これに対して学力（achievement）や熟練度、技能（skill）などは、技量となります。

　2 つ目の要因が**パーソナリティ（personality）**です。パーソナリティは、「適性のようなもの」としてきたさまざまな人格特性が含まれます。具体的には、パーソナリティの下位項目として、**適応（adjustment）**、**価値観（value）**、**興味（interest）**、**態度（attitude）**があります。さらに、適応の下位概念には、**欲求（needs）**と**特質（traits）**が含まれます（図58）。

ホランドコード

　職業に対する興味や選択は、個人の性格によって影響を受けるといわれています。自分の性格を知ることは、自分に合った職業を選択することにつながります。**ホランドコード（Holland Codes）**は、アメリカの心理学者であるホランド（Holland, John L.）が開発した、性格タイプに基づくキャリアと**職業選択理論**です。個人の職業に対する興味（職業興味）を 6 つの領域に分類したモデルを用いて分析します。それぞれの領域の特徴は以下の通りです。6 つの領域の頭文字を取って、別名**ＲＩＡＳＥＣモデル**ともいいます（図59）。

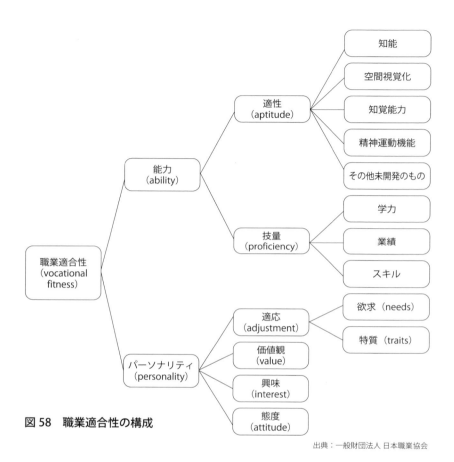

図 58　職業適合性の構成

出典：一般財団法人 日本職業協会

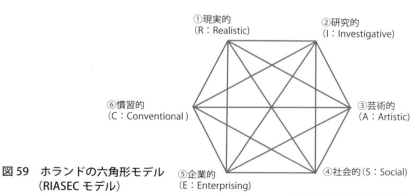

図 59　ホランドの六角形モデル
　　　（RIASEC モデル）

出典：Holland（2013）に一部加筆

①現実的　R：Realistic

リアリスティック。ものを扱うことが好きな人たち。自己主張が強く競争心が強く協調運動や技術、体力を必要とする活動に興味がある傾向が見られる。抽象的な理論よりも、問題解決への具体的なアプローチを好むとされる。

②研究的　I：Investigative

データを使って仕事をすることを好む人たち。行動するよりも考えて観察し、説得するよりも情報を整理して理解することを好む。人を中心とした活動よりも個人を中心とした活動を好む傾向がある。

③芸術的　A：Artistic

アイデアやものを扱うのが好きな人たち。創造的、オープン、創意工夫、独創的、知覚的、敏感、独立、感情的な傾向が見られる。構造やルールに反発する傾向がある。人や物理的なスキルを伴うタスクを楽しむ傾向がある。

④社会的　S：Social

人と一緒に仕事をすることが好きで、教えたり助けたりする場面では自分のニーズを満たしているように見える。人との親密な関係を求めることに惹かれ、本当に知的な人たちで身体的なことを望む傾向が少ない。

⑤企業的　E：Enterprising

人とデータを扱う仕事が好きな人たち。話上手で、自分のスキルを使って人を導いたり、説得したりする傾向が見られる。評判、権力、お金、ステータスを重視する。

⑥慣習的　C：Conventional

データを扱う仕事を好み、ルールや規則を好み、自制心を重視する人たち。構造や秩序を好み、構造化されていない、あるいは不明確な仕事や対人関係を嫌う人々。評判、権力、ステータスに価値を置いている。

　ある調査が、web調査によって収集した24,000人以上のデータを用いた分析結果として、6種類の領域ごとに興味のある業種上位60位の職業

を公開しています[*96]。営業職では、上記の④社会的に広告営業員が、⑤企業的に広告営業員、住宅・不動産営業員、印刷営業員がランク入りしています。営業員は社会的、企業的側面に対する職業興味があるということになります。ホランドコードは隣同士の領域（この場合は社会的と企業的）は似ている（対角線上は正反対）とされているので、納得できる結果になっています。

▶ キャリアコーン

　キャリア・デベロップメントの代表的な概念のもうひとつが、**キャリアコーン**と呼ばれる理論です。アメリカの心理学者シャインが提唱しました。この理論を用いると、営業員が組織内でどのように自分のキャリアを追求していけるかが理解できます。

　キャリアコーンは、組織内でのキャリア・デベロップメントが三方向の軸から形成されていることから、**組織の三次元モデル**とも呼ばれていま

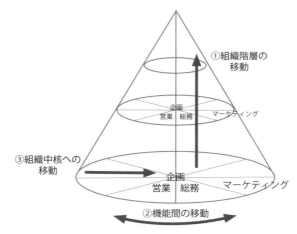

図60　キャリアコーン（組織の3次元モデル）

出所：Holland（2013）に一部加筆

*96　独立行政法人労働政策研究・研修機構『職務構造に関する研究』（2012）

す。コーンというのは円錐形のことです。

　図 60 のように、組織内でのキャリア・デベロップメントの方向を、①組織階層の移動（垂直方向）、②機能間の移動（水平方向）、③組織中核に向かう移動、の 3 方向で示しています。それぞれの内容は以下です。

①組織階層の移動（垂直方向）

　組織の職位や職階を垂直方向に上る移動です。いわゆる昇進に該当します。組織内では地位（階層）の上昇を表します。業務内容や組織によっては、階層が多い場合と少ない場合があります。

②機能間の移動（水平方向）

　同じ組織内の 1 つの部門から、別の部門に移ることです。たとえば、営業部門からマーケティング部門への移動のような、いわゆる人事異動が該当します。平行的・横断的な移動で、職務の広がりを表します。人によっては、キャリアの早い段階から 1 つの専門領域に特化する場合もあります。また多くの領域を経験して、将来的にはジェネラル・マネージャーの道に進む人もいます。

③組織中核に向かう移動（中心化）

　組織に長く在籍することで、その職種もしくは組織のシニアメンバー（上司）から信頼を得て責任・権限が高まります。また組織の部内者化が進み、役割の重要性が進みます。組織の中核的な存在として影響力を持つようになる場合があります。

　営業員のキャリア・デベロップメントを考えた場合、上記の①から③ではどのようになるでしょうか？　①の場合は、配属先の営業所・支店で偉くなり、所長や支店長になっていくイメージです。さらに、営業統括役員にまで出世できるかもしれません。②の場合は、事業部内の事業企画部署、他部門のマーケティングやスタッフ部門（人事、総務など）などへの移動です。③の場合は、全社企画部門（Corporate Planning）や社長室・社長秘書などへの移動が考えられます。あるいは、総務部などで会社の生き字引的存在になることです。

227

営業員とキャリア・デベロップメントについての研究

　営業員のキャリア・デベロップメントに関する研究では、興味深い結果が見つかっています。まず、キャリア・ステージごとに、営業員の動機付けが変わっているという研究です[*97]。14 章で紹介した Amabile らの研究（表 35 参照）を下敷きに、動機付けを、外発的動機付け（報酬追求、承認欲求）と内発的動機付け（挑戦追求、仕事を楽しむ）に分けたうえで、キャリア・ステージを、探索期（20 〜 30 歳）、確立期（30 〜 45 歳）、維持期（30 代後半〜）、離脱期（引退前）の 4 つに分け、それぞれのステージ別の動機付けのスコアを比較しています。基本的には、ステージが進むほどスコアが低くなりますが、挑戦追求のみが、確立期で最も高くなっています。また、報酬追求は、離脱期の方が維持期よりも高くなっています。

　次の研究は、同様にキャリア・ステージを三段階に分け（探索期、確立期、維持期）、ステージが仕事に対する満足度と転職意向にどう影響するかを分析しています[*98]。その結果、探索期では固定給制の方が、仕事の満足度が高く、転職意向が低い結果となっています。確立期では逆に、インセンティブを強くした方が、仕事の満足度が上がり転職意向が低くなりました。

　同様に、三段階のキャリア・ステージ（探索期、確立期、維持期）に対して、仕事の特性と仕事の満足度を調べた研究もあります[*99]。この研究の結果では、仕事の自律性と主体性（アイデンティティ）と満足度の関係は、確立期・維持期の方が高くなりました。仕事の多様性とフィードバックをもらえる度合いは、探索期が高くなっています。

　ここで紹介した研究が示すように、キャリア・ステージが、営業員の態度や行動、価値観などに、影響を与えていることがわかります。こうした知見は、営業組織を管理・運営していくうえで参考になるでしょう。

---

*97　Miao et al.（2009）
*98　Flaherty and Pappas（2002）
*99　Menguc and Bhuian（2004）

おわりに

　日本的経営という言葉は今ではあまり聞かなくなってしまいましたが、終身雇用や年功序列という制度によって世界中で賞賛された時代がありました。それでも、製造業におけるものづくりであるとか、サービス業における細やかな顧客対応を語るときに、日本特有の繊細さと緻密さは、海外にはない美徳であるという意識が時々発露されます。それが実は過剰品質による無駄であって、経営効率を悪化させているかもしれないにもかかわらずです。経営学に関して、われわれ日本人は自分たちが特別な存在であると思いたいのかもしれません。

　同じように、日本の営業は特殊で海外（米国）とは違う、とよくいわれます。日本人特有の職人気質で営業の仕事をある種の高みに押し上げている、その点が、米国のようにマーケティングという機能の下で単なる売る技術に特化した営業とは違う、というわけです。

　確かにそういう側面があるかもしれませんし、そういう風に言いたい気持ちはわかります。しかしながら、そんなことを言っているとグローバルな比較ができなくなってしまい、普遍的な学問につながりません。自ら普遍性がないことを主張するのは、自分で自分の首を絞めるようなものです。普遍性のない日本の特殊な営業の話に、誰が聞く耳を持つでしょうか？　それでは、日本という殻の中に閉じこもっていることしかできません。

　本書はこうした観点から、海外で一般的なセールスフォース・マネジメントの体系を参考に、営業管理全般について体系立ててまとめたものです。日本の営業の現場にはなじまないところがあるかもしれませんが、それでもあえて体系を揃えることで、今後の営業研究・学習の足場になるのではないかと考えました。そして、営業を軸とした経営学の新しい領域という考えから営業学と名づけました。営業本にありがちな、自慢話・体験談や表面的なハウツーで終わらない、アカデミックなフレーバーを感じつつも実践面でも参考になる一冊になっていれば幸いです。

　最後になりましたが、本書の刊行にあたって弘文堂編集者の外山さんには、大変なご尽力を頂き感謝いたします。本書の企画が始まって6年経ってようやく入稿した原稿を、猛暑の中新型コロナによる高熱をおしての編集作業で刊行まで持って行ってくださいました。

　また、いつも著者を支えてくれている家族にも感謝します。

2022年8月　水際対策によるシアトルでの隔離生活から無事帰国して

北中　英明

参 考 文 献

■日本語文献

上淵寿・大芦治新（2019）『動機づけ研究の最前線』北大路書房.

営業管理研究会（2004）『営業管理実務』産能大出版部.

鹿毛雅治（2012）『モティベーションをまなぶ 12 の理論』金剛出版.

上島千鶴（2021）『営業を変えるマーケティング組織のつくりかた』技術評論社.

河合薫（2018）『残念な職場』PHP 研究所.

寒野善博（2019）『最適化手法入門』講談社.

北中英明（2009）『プレステップ経営学』弘文堂.

コトラー, フィリップ＆ケビン・レーン・ケラー（2008）『マーケティング・マネジメント 基本編 第 3 版』ピアソンエデュケーション.

シャイン、エドガー・H.（1991）二村敏子・三善勝代訳『キャリア・ダイナミクス』白桃書房.

シャウフェリ、ウィルマー・B. ＆ピーターナル・ダイクストラ（2012）島津明人・佐藤美奈子訳『ワーク・エンゲイジメント入門』星和書店.

全米キャリア発達学会（2013）『D・E・スーパーの生涯と理論』図書文化社.

独立行政法人 労働政策研究・研修機構（2012）『労働政策研究報告書 No.146 職務構造に関する研究―職業の数値解析と職業移動からの検討―』.

濱口桂一郎（2021）『ジョブ型雇用社会とは何か』岩波書店.

ホランド、ジョン・L.（2013）渡辺三枝子・松本純平・道谷里英訳『ホランドの職業選択理論―パーソナリティと働く環境―』雇用問題研究会.

水嶋玲以仁（2018）『インサイドセールス』ダイヤモンド社.

ラッカム、ニール（2009）『大型商談を成約に導く「SPIN」営業術』海と月社.

渡辺三枝子（2018）『新版 キャリアの心理学 第 2 版』ナカニシヤ出版.

■外国語文献

Agnihotri, R. and A. A. Rapp (2010). Effective Sales Force Automation and Customer Relationship Management: A Focus on Selection and Implementation. Business Expert Press.

Ahearne, M., A. Rapp, B. J. Mariadoss and S. Ganesan (2012). "Challenges of CRM Implementation in Business-to-Business Markets: A Contingency Perspective." Journal of Personal Selling & Sales Management 32(1): 117-130.

Alavi, S., J. Habel and K. Linsenmayer (2019). "What Does Adaptive Selling Mean to Salespeople? An Exploratory Analysis of Practitioners' Responses to Generic Adaptive Selling Scales." Journal of Personal Selling & Sales Management 39(3): 254-263.

Amabile, T. M., K. G. Hill, B. A. Hennessey and E. M. Tighe (1994). "The Work Preference Inventory: Assessing Intrinsic and Extrinsic Motivational Orientations." Journal of Personality and Social Psychology 66(5): 950.

Armstrong, M. and S. Taylor (2020). Armstrong's Handbook of Human Resource Management Practice. Kogan Page Ltd.

Attia, A. M., E. D. Honeycutt Jr. and M. P. Leach (2005). "A Three-Stage Model for Assessing and Improving Sales Force Training and Development." Journal of Personal Selling & Sales Management 25(3): 253-268.

Bartol, K. M. (1999). "Reframing Salesforce Compensation Systems: An Agency Theory-Based Performance Management Perspective." Journal of Personal Selling & Sales Management 19(3): 1-16.

Bolander, W., C. B. Satornino, A. M. Allen, B. Hochstein and R. Dugan (2020). "Whom to Hire and How to Coach Them: A Longitudinal Analysis of Newly Hired Salesperson Performance." Journal of Personal Selling & Sales Management 40(2): 78-94.

Boles, J. S., G. W. Dudley, V. Onyemah, D. Rouzies and W. A. Weeks (2012). "Sales Force Turnover and Retention: A Research Agenda." Journal of Personal Selling & Sales Management 32(1): 131-140.

Bradford, K. D., G. N. Challagalla, G. K. Hunter and W. C. Moncrief (2012). "Strategic Account Management: Conceptualizing, Integrating, and Extending the Domain from Fluid to Dedicated Accounts." Journal of Personal Selling & Sales Management 32(1): 41-56.

Bray, C. and H. Sorey (2017). The Sales Enablement Playbook. Create Space Independent Publishing Platform.

Brewer, G. (2000). "Measuring Sales Effectiveness." Sales & Marketing Management 152.

Butch Bellah (2015). "Sales Management for Dummies," John Wiley and Sons, Inc.

Churchill Jr, G. A., et al. (1974). "Measuring the Job Satisfaction of Industrial Salesmen." Journal of Marketing Research (JMR) 11(3): 254-260.

Claro, D. P. and C. Ramos (2018). "Sales Intrafirm Networks and the Performance Impact of Sales Cross-Functional Collaboration with Marketing and Customer Service." Journal of Personal Selling & Sales Management 38(2): 172-190.

Cron, W. L., G. W. Marshall, J. Singh, R. L. Spiro and H. Sujan (2005). "Salesperson Selection, Training, and Development: Trends, Implications, and Research Opportunities." Journal of Personal Selling & Sales Management 25(2): 123-136.

Dacko, S. G. (2008). Advanced Dictionary of Marketing: Concepts, Laws, Theories, and Effects. Oxford University Press, U.S.A.

Darmon, R. Y. (1997). "Selecting Appropriate Sales Quota Plan Structures and Quota-Setting Procedures." Journal of Personal Selling & Sales Management 17(1): 1-16.

Dixon, M. and B. Adamson (2013). "The Challenger Sale." Portfolio Penguin（マシュー・ディクソン、ブレント・アダムソン他『チャレンジャー・セールス・モデル』海と月社、2015）．

Dubinsky, A. J., S. J. Skinner and T. E. Whittler (1989). "Evaluating Sales Personnel: An Attribution Theory Perspective." Journal of Personal Selling & Sales Management 9(1): 9.

Farrell, S. and A. R. Hakstian (2001). "Improving Salesforce Performance: A Meta-Analytic Investigation of the Effectiveness and Utility of Personnel Selection Procedures and Training Interventions." Psychology & Marketing 18(3): 281-316.

Flaherty, K. E. and J. M. Pappas (2002). "The Influence of Career Stage on Job Attitudes: Toward a Contingency Perspective." Journal of Personal Selling & Sales Management 22(3): 135-143.

Forsyth, P. (2002). "Sales Managementc - Marketing 04.10." Capstone.

Friend, S. B., J. S. Johnson, B. N. Rutherford and G. A. Hamwi (2013). "Indsales Model: A Facet-Level Job Satisfaction Model among Salespeople." Journal of Personal Selling & Sales Management 33(4): 419-438.

Fu, F. Q., K. A. Richards and E. Jones (2009). "The Motivation Hub: Effects of Goal Setting and Self-

Efficacy on Effort and New Product Sales." Journal of Personal Selling & Sales Management 29(3): 277-292.

Gerlach, G. I., K. Rödiger, R. M. Stock and N. A. Zacharias (2016). "Salespersons' Empathy as a Missing Link in the Customer Orientation–Loyalty Chain: An Investigation of Drivers and Age Differences as a Contingency." Journal of Personal Selling & Sales Management 36(3): 221-239.

Gessner, G. and R. A. Scott (2009). "Using Business Intelligence Tools to Help Manage Costs and Effectiveness of Business-to-Business Inside-Sales Programs." Information Systems Management 26(2): 199-208.

Goad, E. A. and F. Jaramillo (2014). "The Good, the Bad and the Effective: A Meta-Analytic Examination of Selling Orientation and Customer Orientation on Sales Performance." Journal of Personal Selling & Sales Management 34(4): 285-301.

Good, V., D. E. Hughes, A. H. Kirca and S. McGrath (2022). "A Self-determination Theory-based Meta-analysis on the Differential Effects of Intrinsic and Extrinsic Motivation on Salesperson Performance." Journal of the Academy of Marketing Science: 1-29.

Hackman, J. R. and G. R. Oldham (1976). "Motivation through the Design of Work: Test of a Theory." Organizational Behavior and Human Performance 16(2): 250-279.

Hohenberg, S. and C. Homburg (2016). "Motivating Sales Reps for Innovation Selling in Different Cultures." Journal of Marketing 80(2): 101-120.

Homburg, C., T. R. Morguet and S. Hohenberg (2021). "Incentivizing of Inside Sales Units: The Interplay of Incentive Types and Unit Structures." Journal of Personal Selling & Sales Management 41(3): 181-199.

Hughes, D. E., J. L. Bon and A. Malshe (2012). "The Marketing-Sales Interface at the Interface: Creating Market-Based Capabilities through Organizational Synergy." Journal of Personal Selling & Sales Management 32(1): 57-72.

Hunter, G. K. and W. D. Perreault Jr. (2006). "Sales Technology Orientation, Information Effectiveness, and Sales Performance." Journal of Personal Selling & Sales Management 26(2): 95-113.

Hutt, M. D., W. J. Johnston and J. R. Ronchetto Jr. (1985). "Selling Centers and Buying Centers: Formulating Strategic Exchange Patterns." Journal of Personal Selling & Sales Management 5(1): 32.

Ingram, T. N., R. W. LaForge, R. A. Avila, C. H. Schwepker Jr. and M. R. Williams (2020). Sales Management: Analysis and Decision Making. Routledge.

Johnston, M. W. and G. W. Marshall (2020). Sales Force Management: Leadership, Innovation, Technology. Routledge.

Jones, E., S. P. Brown, A. A. Zoltners and B. A. Weitz (2005). "The Changing Environment of Selling and Sales Management." Journal of Personal Selling & Sales Management 25(2): 105-111.

Kitanaka, H., P. Kwiatek and N. G. Panagopoulos (2021). "Introducing a New, Machine Learning Process, and Online Tools for Conducting Sales Literature Reviews: An Application to the Forty Years of JPSSM." Journal of Personal Selling & Sales Management 41(4): 351-368.

Kotler, P., N. Rackham and S. Krishnaswamy (2006). "Ending the War between Sales & Marketing. (cover story)." Harvard Business Review 84(7/8): 68-78.

Kraljic, P. (1983). "Purchasing Must Become Supply Management." Harvard Business Review 61(5): 109-117.

Lai, C. J. and Y. Yang (2017). "The Role of Formal Information Sharing in Key Account Team Effectiveness: Does Informal Control Matter and When." Journal of Personal Selling & Sales Management 37(4): 313-331.

Le Bon, Joel (2014). Competitive Intelligence and the Sales Force: How to Gain Market Leadership through Competitive Intelligence. Business Expert Press.

Le Bon, Joel and C. Herman (2015). Key Account Management: Strategies to Leverage Information, Technology, and Relationships to Deliver Value to Large Customers. Business Expert Press.

Locke, E. A. and G. P. Latham (2002). "Building a Practically Useful Theory of Goal Setting and Task Motivation: A 35-Year Odyssey." American Psychologist 57(9): 705-717.

Magnotta, S. R. (2018). "Can You Hear Me Now? An Innovative Experiential Learning Module to Prepare Tomorrow's Inside Salespeople." Marketing Education Review 28(2): 75-79.

McFarland, R. G. (2019). "A Conceptual Framework of Macrolevel and Microlevel Adaptive Selling Theory, Setting a Research Agenda, and Suggested Measurement Strategies." Journal of Personal Selling & Sales Management 39(3): 207-221.

Menguc, B. and S. N. Bhuian (2004). "Career Stage Effects on Job Characteristic-Job Satisfaction Relationships among Guest Worker Salespersons." Journal of Personal Selling & Sales Management 24(3): 215-227.

Miao, C. F., D. J. Lund and K. R. Evans (2009). "Reexamining the Influence of Career Stages on Salesperson Motivation: A Cognitive and Affective Perspective." Journal of Personal Selling & Sales Management 29(3): 243-255.

Moncrief, W. C., G. W. Marshall and F. G. Lassk (2006). "A Contemporary Taxonomy of Sales Positions." Journal of Personal Selling & Sales Management 26(1): 55-65.

Murphy, L. E. and J. P. Coughlan (2018). "Does It Pay to be Proactive? Testing Proactiveness and the Joint Effect of Internal and External Collaboration on Key Account Manager Performance." Journal of Personal Selling & Sales Management 38(2): 205-219.

Novell, C. A., K. A. Machleit and J. Z. Sojka (2016). "Are Good Salespeople Born or Made? A New Perspective on an Age-Old Question: Implicit Theories of Selling Ability." Journal of Personal Selling & Sales Management 36(4): 309-320.

Paesbrugghe, B., D. Rangarajan, B. Hochstein and A. Sharma (2020). "Evaluation of Salespeople by the Purchasing Function: Implications for the Evolving Role of Salespeople." Journal of Personal Selling & Sales Management 40(4): 289-305.

Panagopoulos, N. (2010). Sales Technology: Making the Most of Your Investment. Business Expert Press.

Parsons, F. (1909). Choosing a Vocation. Boston: Houghton Mifflin Company (Kessinger's Legacy Reprint).

Peesker, K. M., L. J. Ryals, G. A. Rich and S. E. Boehnke (2019). "A Qualitative Study of Leader Behaviors Perceived to Enable Salesperson Performance." Journal of Personal Selling & Sales Management 39(4): 319-333.

Powers, T. L., J. A. C. Jennings and T. E. DeCarlo (2014). "An Assessment of Needed Sales Management Skills." Journal of Personal Selling & Sales Management 34(3): 206-222.

Rangarajan, D., R. Dugan, M. Rouziou and M. Kunkle (2020). "People, Process, and Performance: Setting an Agenda for Sales Enablement Research." Journal of Personal Selling & Sales Management 40(3): 213-220.

Rapp, A., R. Agnihotri and T. L. Baker (2011). "Conceptualizing Salesperson Competitive Intelligence: An Individual-Level Perspective." Journal of Personal Selling & Sales Management 31(2): 141-156.

Richards, K. A. and E. Jones (2009). "Key Account Management: Adding Elements of Account Fit to an Integrative Theoretical Framework." Journal of Personal Selling & Sales Management 29(4): 305-320.

Robbins, S. and T. Judge (2017). Essentials of Organizational Behavior. Pearson Education Limited.

Rouziès, D., V. Onyemah and D. Iacobucci (2017). "A Multi-Cultural Study of Salespeople's Behavior in Individual Pay-for-Performance Compensation Systems: When Managers are More Equal and Less Fair than others." Journal of Personal Selling & Sales Management 37(3): 198-212.

Ryan, R. M. and E. L. Deci (2000). "Self-Determination Theory and the Facilitation of Intrinsic Motivation, Social Development, and Well-Being." American Psychologist 55 (1): 68–78.

Sleep, S., S. K. Lam and J. Hulland (2018). "The Sales-Marketing Integration Gap: A Social Identity Approach." Journal of Personal Selling & Sales Management 38(4): 371-390.

Smith, K., E. Jones and E. Blair (2000). "Managing Salesperson Motivation in a Territory Realignment." Journal of Personal Selling & Sales Management 20(4): 215-226.

Spiro, R., W. Stanton and G. Rich (2007). Management of a Sales Force. McGraw-Hill/Irwin.

Sternberg, R. J. et al. (2000). Practical Intelligence in Everyday Life. Cambridge University Press.

Sujan, H. (1986). "Smarter Versus Harder: An Exploratory Attributional Analysis of Salespeople's Motivation." Journal of Marketing Research (JMR) 23(1): 41-49.

Sujan, H. (1999). "Optimism and Street-Smarts: Identifying and Improving Salesperson Intelligence." Journal of Personal Selling & Sales Management 19(3): 17-33.

Tanner Jr., J. F., M. Ahearne, T. W. Leigh, C. H. Mason and W. C. Moncrief (2005). "CRM in Sales-Intensive Organizations: A Review and Future Directions." Journal of Personal Selling & Sales Management 25(2): 169-180.

Thaichon, P., J. Surachartkumtonkun, S. Quach, S. Weaven and R. W. Palmatier (2018). "Hybrid Sales Structures in the Age of e-Commerce." Journal of Personal Selling & Sales Management 38(3): 277-302.

Woods, M. (1983). "The Validity of the High MPS Job as a Model for the Redesign of Low MPS Jobs." Australian Journal of Management (University of New South Wales) 8(2): 57.

Wotruba, T. R. (1989). "The Effect of Goal-Setting on the Performance of Independent Sales Agents in Direct Selling." Journal of Personal Selling & Sales Management 9(1): 22.

Yukl, G. and W. Gardner (2019). Leadership in Organizations. Pearson Education Limited.

Zolteners, A., P. Sinha and A. E. Lorimer (2010). "Aligning Sales and Marketing to Enhance Customer Value and Drive Company Results." in Tybout, A. M. and B. J. Calder (eds.), Kellogg on Marketing. 2nd Edition, John Wiley & Sons, Inc.: 373-392.

索　引

略号索引

北中 英明　きたなか　ひであき

拓殖大学商学部教授
1960 年生まれ。一橋大学商学部、ノースウェスタン大学ケロッグビ
ジネススクール経営大学院卒業（MBA）
サントリー株式会社、日本ゼネラル・エレクトリック（GE）企業開発
部長、日本ディジタルイクイップメント事業開発部長を経て現職。

おもな研究領域　営業管理、デジタル・マーケティング。その他、機
械学習、自然言語処理、営業活動での AI 利用などに興味が
ある。
著　書　『複雑系マーケティング入門—マルチ・エージェント・シミュ
レーションによるマーケティング』共立出版、2005 年
『プレステップ経営学』弘文堂、2009 年
ブログ　営業学事始—Sales Study Initiative 初めての営業学　人生
100 年時代に備えてあなたの営業スキルをレベルアップ！
https://eigyo.info/

はじめての営業学

2022（令和 4）年 9 月 30 日　初版 1 刷発行

著　者　北中　英明
発行者　鯉渕　友南
発行所　株式会社　弘文堂　　101- 0062　東京都千代田区神田駿河台1の7
　　　　　　　　　　　　　TEL 03(3294)4801　振 替 00120 - 6 - 53909
　　　　　　　　　　　　　https://www.koubundou.co.jp

組版/装丁　髙嶋　良枝
印　刷　三報社印刷
製　本　井上製本所

ISBN978-4-335-45068-6